印度尼西亚
INDONESIA

中国驻印度尼西亚大使馆

（Embassy of the People's Republic of China in the Republic of Indonesia）

地址：JL. Mega Kuningan No.2，Jakarta Selatan 12950 Indonesia

领事保护热线：+62 8179838410

网址：http://id.china-embassy.org/chn/

注：其他领事馆信息详见附录二

印度尼西亚
INDONESIA ··

文化中行

"一带一路"国别文化手册

印度尼西亚

INDONESIA

中国银行股份有限公司
社会科学文献出版社　编

社会科学文献出版社
SOCIAL SCIENCES ACADEMIC PRESS (CHINA)

序

2013 年，国家主席习近平在出访中亚和东南亚国家期间，先后提出共建"丝绸之路经济带"和"21 世纪海上丝绸之路"的重大倡议，向全世界宣告了亿万中国人民谋求和平发展，与沿线国家和地区共同合作、共建繁荣的美好愿景。"一带一路"战略布局无疑成为当今世界最大的系统性工程，得到国际社会的广泛响应。

道之大者，为国为民。作为中华民族金融业的旗帜，中国银行早已将"为社会谋福利，为国家求富强"的信念植入血脉。在一百多年的发展进程中，不断顺应历史潮流，持续经营、稳健发展，为民族解放、社会进步、国家繁荣做出重要贡献。站在新的历史机遇期，以"担当社会责任"为己任，以"做最好的银行"为目标的中国银行，依托百年发展铸就的品牌价值和全球服务网络，利用海外资金优势，实现全球资源配置，护航"一带一路"战略，不仅具有得天独厚的优势，更是义不容辞的责任。

金融业是经贸往来的"发动机"和"导流渠"，是支持"一带一路"建设的中坚力量。中国银行作为国际化、多元化、专业化程度最高的国有股份制商业银行，截至2015年底，已在"一带一路"沿线18个国家设立分支机构，未来，将持续完善全球布局，增加对"一带一路"沿线国家的机构覆盖。可以肯定地讲，中国银行完全有能力承担起国家赋予的责任与使命，为构建"一带一路"金融大动脉做出重要而独特的贡献。

"一带一路"建设投资规模大、周期长，涉及众多国家和地区，金融需求跨地区、跨文化差异明显，这对银行业提出了新的挑战。如何跟上国家对外投资的步伐，如何为"走出去"企业铺路搭桥，如何入乡随俗、实现文化融合，成为我行海外发展面临的一系列重要问题。《文化中行——"一带一路"国别文化手册》（以下简称《手册》）正是在这个大背景下应运而生。《手册》从文化角度出发，全面介绍了我行已设和筹设分支机构的"一带一路"沿线国家的政治经济环境、金融发展业态、民俗宗教文化等，为海外机构研究发展策略、规避经营风险、解决文化冲突、融入当地社会提供实用性、前瞻性的指导和依据。对我行实现跨文化管理，服务"走出去"企业，指导海外业务发展，发挥文化影响力，实现集团战略都具有重要的价值。

　　最好的银行离不开最好的文化。有胸怀、有格局的中行人，以行大道、成大业的气魄，一手拿服务，一手拿文化，奔走在崭新又古老的"丝路"上。我们期待《手册》在承载我行价值理念，共建区域繁荣的道路上占有重要一席，这也正是我们实现文化"走出去"战略的题中应有之义。

2015 年 12 月

目录

097

117

第四篇
双边关系

附 录

印度尼西亚
INDONESIA

第一篇

国情纵览

印度尼西亚
INDONESIA ···

一　人文地理

1　地理概况

　　印度尼西亚共和国，简称印度尼西亚或印尼（以下简称印尼），位于东经 94° 45′ 至 141° 05′，北纬 6° 08′ 至南纬 11° 15′，属于东南亚国家之一，首都雅加达（JAKARTA）。其位于亚洲东南部，地跨赤道，与巴布亚新几内亚、东帝汶、马来西亚等国接壤，与泰国、新加坡、菲律宾、澳大利亚等国隔海相望。由于其地处亚洲和大洋洲两大陆之间，是连接太

印度尼西亚地理位置

印尼弗洛雷斯岛海边的渔村

图片提供：达志影像

平洋和印度洋的重要通道。印尼是世界上最大的群岛国家，由大小 17508 个岛屿组成，领土面积为 1904443 平方公里，海洋面积 3166163 平方公里，疆域横跨亚洲及大洋洲，别称"千岛之国"。各岛处处青山绿水，四季皆夏，素有"赤道翡翠"之称。

2 历史沿革

公元 3 ~ 7 世纪，这片土地上建立了一些分散的封建王国。13 世纪末至 14 世纪初，在爪哇岛建立了印尼历史上最强大的麻喏巴歇封建帝国。15 世纪，葡萄牙、西班牙和英国先后侵入。1596 年荷兰侵入，1602 年成立具有政府职权的"东印度公司"，1799 年底改设殖民政府。1942 年日本占领印尼，1945 年日本投降后印尼爆发"八月革命"，同年 8 月 17 日宣布独立，成立印度尼西亚共和国。1945 年至 1950 年，

先后武装抵抗英国、荷兰的入侵，其间曾被迫改为印度尼西亚
联邦共和国并加入荷印联邦。1950 年 8 月重新获得独立，恢复
为印度尼西亚共和国，1954 年 8 月脱离荷印联邦。1950 年印
尼成为联合国第 60 个成员国。1967 年，印尼与马来西亚、菲
律宾、新加坡和泰国成立了"东南亚国家联盟"（ASEAN，简
称东盟），目前东盟已拥有 10 个成员国，印尼是最具影响力的
成员之一。

3 人口综述

印尼是世界第四人口大国，有 100 多个部族。

根据 2010 年的全国人口普查结果，印尼人口总数为 2.37
亿。其中，59.19% 的居民集中在爪哇岛，20.97% 在苏门答
腊岛，5.28% 在加里曼丹岛，7.1% 在苏拉威西岛，其他省份
和岛屿人口占 7.36%，首都雅加达常住人口约 900 万。在全
国人口中，44% 的居民年龄在 25 岁以下。12 ~ 24 岁青少年
为 8000 余万人。近年来，印尼人均寿命从 1970 年的 40 岁提
高至 1990 年的 60 岁，男女比例基本相等，女性略高于男性。
1980 年每平方公里人口密度为 77 人，1990 年约 90 人；印尼
人口分布不均，密度不同。1985 年爪哇人口密度为每平方公
里 753 人，而西加里曼丹为 14 人；1990 年雅加达特区每平方
公里为 1.3 万人，最密的地区达到 7 万人。1980 年人均耕地
2 亩。现有残疾人 200 余万。华人约占人口总数的 5%，超过
1000 万人。

为了缓解人口剧增的压力，印尼政府自 1957 年就开展了计划生育运动。

4　语言文字

印尼语属于南岛语系的印尼语族，使用人口 2 亿多人。在印尼有 200 多种部族语，如爪哇语，巽他语，马来语，米南卡保语等。印尼语是在通用于廖内群岛、柔佛和马六甲海峡地区的马来语的基础上形成的。1945 年印尼独立后，宪法规定印尼语为印尼共和国的官方语言。

特别提示

★ 印尼首都雅加达位于东 7 时区，比北京时间晚 1 小时。

★ 印尼地处亚洲和大洋洲两大陆之间，是连接太平洋和印度洋的重要通道。

★ 华人约占人口总数的 5%，超过 1000 万人，在商贸和工业领域发挥着重要的作用。

二　气候状况

　　印尼位于赤道，是低纬度国家，具有典型的赤道海洋性气候，高温、多雨、微风和潮湿是印尼气候的四大特征。年平均温度在 26℃ 左右，不同的地区有温差，一般情况下，沿海平均27℃，山区平均22℃，高原和山区早晚有冷雾。由于气温变化不大，印尼被誉为"长夏之国"。

　　受季风的影响，印尼一年只分两个季节：4～9月是旱季，10～3月是雨季。印尼风力一般在三级左右。全年昼夜长短差别仅为半小时左右，东西两头时差约3小时。太阳几乎终年在固定的方位出没，即正东和正西。每当中午太阳直射时，几乎见不到影子。

　　印尼年降雨量平均为3000毫米左右，在雨季，每月平均有10天下雨，西部雨水大于东部。

特别提示

★ 高温、多雨、微风和潮湿是印尼气候的四大特征。年平均温度在 26℃ 左右，是名副其实的"长夏之国"。

★ 常见自然灾害：境内多火山，地震海啸频发，须注意台风，森林火灾并偶发洪水灾害。

★ 主要环境问题：工业废水、废物引发的水污染，大城市空气污染，以及滥伐森林与森林火灾引发的烟霾污染。

三 文化国情

1 民族

　　作为一个多民族国家，"印尼民族"（Bangsa Indonesia）是对外名称，类似我国的"中华民族"，但对内名称则有区别。我国称"民族"，如"汉（民）族"或"少数民族"；而印尼则称"部族"（Suku Bangsa），如"爪哇（部）族"，印尼共有 300 余个部族及其分支，仅伊里安查亚就有 250 个部

印尼伊里安查亚省的阿斯马特族人

图片提供：达志影像

族及其分支。人数最多的是爪哇族，其人口占印尼人口总数的
45％，巽他族占14％，马都拉族占7.5％，马来族占7.5％，
其他占26％，均未超过半数，因而印尼部族人数的多少是相对
而言。

印尼部族的构成因素较多，由于迁徙与定居的文化差异，
印尼各岛和各地区形成了各自独特的语言和习俗，多数因所居
的岛屿和地区而得名。

印尼各部族之间有着通婚的现象，不同部族通婚所生的后
代是混血种人，他们往往兼具两个部族的体形特征，很难区别
其归属于哪个部族，一般都按父系来确定他们的部族归属。

特别提示

★ 在印尼，如果把部族称作民族，则有反叛的嫌疑。
2000年11月20日"亚齐公决信息中心"负责人
纳扎尔（M.Nazar）被控扰乱社会治安遭当局逮捕，
罪名之一是纳扎尔于2000年8月17日，在横幅上
书写了"亚齐民族"字样，并将横幅悬挂在亚齐特
区府一处纪念碑上。2001年3月27日班达亚齐国
家法院对其进行审判，据法官称，纳扎尔犯了"仇
视、敌视和背叛国家"罪，理由是"亚齐是部族，
不是民族"。

2 宗教

印尼约 87％ 的人口信奉伊斯兰教，是世界上穆斯林人口最多的国家。6.1％ 的人口信奉基督教，3.6％ 信奉天主教，其余信奉印度教、佛教和原始拜物教等。

政府认可的宗教是伊斯兰教、基督教（新教）、天主教、巴厘印度教和佛教。此外，还有为数不多的原始宗教和孔教的信徒。前者多是居住在偏远山区的尚未开化的部族，后者为华人。孔教信徒多为同时信奉佛教、道教和孔教的"三教会"信徒。

扩展阅读：印尼的主要宗教

原始宗教

早在上述宗教传入之前，印尼就有了原始宗教，主要表现为精灵崇拜、图腾崇拜、祖先崇拜和神灵崇拜等。即信奉"万物有灵论"，不论动物、植物，还是山川、河流、建筑物、自然现象和物品，都被认为具有精灵。从印尼民族现代的风俗习惯中，还可以看到上述原始宗教的影子，例如精灵崇拜，图腾崇拜，祖先崇拜，以及神灵崇拜。

伊斯兰教

印尼80%以上的居民信奉伊斯兰教，是世界伊斯兰教徒最多的国家。教徒属于逊尼派，其中绝大多数属于"红派"（abangan），即温和派。他们实际上对伊斯兰教不甚了解，或不严格履行其教规，其虔诚仅仅表现为忠于伊斯兰教的誓约——清真言（Syahadat）："万物非主，唯有真主，穆罕默德是主的使者。"他们的信仰多与当地原始宗教结合，或受佛教等影响，戒律不很严格。与红派相对的是白派（Santri），指严格履行伊斯兰教义的教徒。当然在不同地区和不同时期，红派和白派的情况不尽相同。同是红派或同是白派，也有程度上的区别。

红派在政治上主张建立世俗国家。白派教徒严格地遵从伊斯兰教教义，部分教徒主张建立伊斯兰教国家，或至少建立伊斯兰教占重要地位的国家。印尼的历届政府都反对以宗教立国，反对把印尼建成伊斯兰教国家。实行政教分离制度是宪法承认的既定国策。

巴厘印度教

印尼印度教教徒约占人口的 2.5%，主要分布在巴厘岛等周边岛屿。爪哇人将印度文化、印度教与当地的原有文化融合在一起，形成自己的宗教特点。爪哇的印度教是以密宗（Mantrayana）的形式传播的，主要信奉湿婆和毗湿奴。巴厘人划分为四个等级，又称四大种姓：婆罗门（Brahmana-kastapendeta，僧侣）、刹帝利（Ksatriya-kasta raja dankaumbangsawan，武士阶层）、吠

舍（Waisya-kast apedagangdankaumburuhmenengah，商贾
中产阶层）、首陀罗（Sudra-kastapetanidanburuhkecil，budak，
农民和仆役阶层）。其中以婆罗门僧侣地位最高，农民和
仆役阶层地位最低贱。婆罗门种姓的巴厘人多在外岛经
济发达地区发展自己的事业，少部分首陀罗种姓的巴厘
人以皈依其他宗教和改名的方式摆脱自己的种姓。

在巴厘岛，印度教庙宇到处可见，多达三万余座，
故巴厘又有"庙宇之岛"的称号。在神庙中，最雄伟壮
观的是钵萨给。这里是巴厘印度教的中心发源地，巴厘
岛各地居民不论贫富，都不惜以一切代价，每年到这里
朝拜一次。

佛教

8世纪初以前，印尼主要流传部派佛教，即小乘佛教
占优势。在印度化的苏门答腊时期留下的文物大部分是
属于大乘佛教的。公元718年前后，印度大乘密教"五
祖"金刚智（Varabodhi，音译：跋日罗菩提）将大乘密
教传入印尼，被中爪哇的夏连特拉王朝奉为国教。

由于三教合流、华人习俗和地方神灵等因素的影响，
华人佛教徒敬奉多元神祇。近年来，印尼传入一佛教新
密宗（Tantrayana）。据报道，这种密宗要求僧人坚持穿
黄色袈裟，但允许留长发，不必剃度，并且可以结婚，
目前，佛教密宗已传至印尼的棉兰、巨港、雅加达、三
宝垄和泗水等城市。这一密宗，已被印尼宗教部佛教事

印尼日惹，婆罗浮屠佛塔
图片提供：达志影像

务司司长认可，被认为符合释迦牟尼的佛教学说。

佛教徒不仅上佛寺敬佛，有的还在家里设庙堂和观音堂。由于对佛教教义有不同解释以及其他种种原因，印尼出现了一些不同的佛教组织，如印尼佛教联合会（Perwalian Umat Buddha Indonesia），印尼弥勒佛教徒理事会（Majelis Pandeta Maitreya Indonesia），全印尼佛教徒联合会（Gabungan Umat Buddha Seluruh Indonesia）等。由于印尼政府同化政策的驱使，部分华人（多为青年）皈依伊斯兰教、天主教和基督教。目前，印尼佛教徒多为年长者，以在家居士为多。随着印尼政府华人政策的改变，佛教活动出现增多趋势。

鉴于苏哈托政府加紧对华人采取同化政策，而孔教和道教被认为源于中国，不利于华人的同化，因此受到种种限制。因而,现有的三教联合会,主要是开展佛教活动。随着苏哈托的倒台和现政府的民主政策的实施,印尼孔教活动增多。

天主教和基督教

印尼天主教和基督教教徒约占人口的 9.7%(其中基督教徒占 6.1%),主要分布在佛洛勒斯、帝汶、东努沙登加拉、马鲁古、巴布亚和中爪哇等地区。

印尼独立后,上述两教教会获得西方国家有关基金会的大量资助,积极开办学校、医院和慈善事业,吸收了包括华人在内的不少新的教徒,两教在印尼社会生活中有一定影响。特别是 1965 年"9·30 运动"事件后,当局要求每个居民在身份证上的"宗教信仰"一栏里填写所信奉的宗教,无神论者很可能被怀疑为共产党人。在历史上和生活习惯上,华人中的许多人与伊斯兰教有隔阂,而以华人为主的佛教又被原住民看作封闭式的"外国宗教",部分华人信奉的"孔教"后来又不被当局承认。于是一些华人,特别是受西方教育的华人学生和知识分子,便加入天主教或基督教。

在印尼政治生活中,天主教和基督教曾先后成立过自己的政党:印尼天主教党成立于 1945 年 12 月,原名为印尼共和国天主教党(Partai Katolik Republik Indonesia),其前身为印尼天主教政治联合会。"全国基督教党"(Partai Kristen Nasional)于 1945 年 11 月在雅加达成立。印尼天主教党和基督教党都拥护"潘查希拉"（建国五项原则）为印尼立国之本，两党也都是历届政府承认的合法政党。但由于政党合并和在野党力量的削弱，两教在印尼政治舞台上的作用受到限制，政治影响越来越小。但是，由于得到西方教会的支持、传教方式的多样化和教徒文化层次的提高，其社会影响不容忽视，尤其是在天主教徒和基督教徒集中的地区。

特别提示

★ 孔教信徒多为同时信奉佛教、道教和孔教的"三教会"信徒。

★ 目前，印尼国家领导人口头承认孔教为宗教，并允许其开展宗教活动，但在实际操作中，往往把孔教排斥在国家承认的五大宗教之外。

★ 印尼佛教徒约占人口的 0.9%，主要分布在华人集中居住的地区。

3　风俗与禁忌

印尼是一个多部族、多宗教、多元文化的国家，有着淳朴的民俗。受民族经济生活、社会变革、民族心理、信仰、语言、艺术等文化传统制约，加之岛国的地理特点，各地和各部族形成并保留了自己的习俗，并同国家的政治、经济和文化交织在一起，对印尼社会发展产生巨大影响。

（1）民族服饰

印尼部族服装各具特色，具有实用、礼仪、信仰以及观赏价值。印尼人的民族服装一般为巴迪衫和纱笼，并配有色调一致的腰带和披肩。在印尼，男女老幼皆可穿纱笼。亚齐地区的妇女穿纱笼前，必须先穿黑绸长裤，裤脚饰以金线，脚腕戴上有小铃的金镯。爪哇、苏门答腊等地的长裙别有特色，整条长裙分两部分，前面部分称裙首，其余部分称裙身。印尼妇女着民族服装时，多配以披肩。

印尼许多地方流行缠头的习俗。此外，在苏门答腊、西加里曼丹、北苏拉威西和马鲁古等地还流行"套衣"，即在一块整布中间挖个洞，套在脖子上。亚齐人穿套衣时，下身穿长裤，裤外套纱笼。

（2）饮食文化

印尼人的主食为大米，口味喜清淡，忌咸，喜爱酸、甜和辣味。辣椒酱是餐桌上常见的作料。印尼又是举世闻名的香料之国，其饭菜别具一格。印尼风味小吃种类很多，主要有炸香蕉、糯米团、糯米糕、鱼肉丸、涂酱羊肉串、炒米饭及各种烤制糕点。印尼的菜肴不如我国那样分类明确，菜系多以部族划分，而不是以地域划分。其主要原因是印尼气候、地理区别不大。印尼人烧菜以煎、烤、炸为主，海鲜、菜肴的烹饪方法多样化，但以传统方法制作的食物如"豆酵饼"（tempe）等，已为城乡居民传承至今。其他如凉拌什锦菜（gado-gado）、

充满印尼风情的服饰与舞蹈
图片提供：达志影像

沙爹（烤肉串）、印尼炒饭等许多常见的食物则既是大众的又是极具印尼特色的饮食文化的写照。此外，不同地区又有各自的饮食习惯，如巴厘岛香辣大虾，爪哇岛传统牛尾浓汤、巴东香浓牛肉，各具特色，各显其珍。

印尼是世界上伊斯兰教徒最多的国家，故酒类不多。咖啡是印尼人日常饮料。鳄梨汁也颇受欢迎，鳄梨又称"阿波卡特"和牛油果。

印尼人至今保留着原始的用手撕、抓饭的食法。在日常用餐时，至今还是习惯用手抓饭吃。印尼人抓饭用右手，原因是印尼人便后一般不用卫生纸，而习惯用左手撩水洗。因此，左手被认为不净。

中华民族与印尼民族有着长期友好往来的历史。数世纪以来大批中国沿海居民移居印尼，对印尼人的饮食习惯、饮食结构产生了影响。其中包子、肉丸、春卷、豆腐、豆芽、烧卖、肉面、油条等已被大多数印尼人接受，并在原有基础上加以改进，使之更加适合印尼人的口味，成为印尼的大众食品。印尼人来到中国喜欢吃木耳菜、烤鸭（外加米饭）、香酥鸡、扬州炒饭、烤白薯等。同时，印尼部分传统食品，通过印尼归侨传入中国大陆，如凉拌什锦菜、肉串、印尼炒饭等，也成为华人的大众食品。

特别提示

★ 服饰方面，印尼人在衣着上总体比较得体、保守。长袖蜡染衫（当地称"巴迪衫"）为印尼国服，在多数正式场合都可以穿着。如果参观庙宇或清真寺，则不能穿着短裤、无袖衣、背心或比较裸露的衣服。进入任何神圣的地方，一定要脱鞋。在巴厘岛，进入寺庙要在腰间束腰带。

★ 仪态方面，在印尼，当人们坐下来时，双腿不可交叉。在巴厘岛，坐下时双腿要平放在地板上。在印尼打哈欠要用右手遮住，否则视为不礼貌；不要在街上或走路时吃东西，也不要用左手与人握手或触摸别人；与人交谈或进入别人家，要摘下太阳眼镜。在印尼人每周五中午做祷告时，勿大声喧哗；会谈、社交、工作和休闲不同场合，注意着装；在公共场合一般情况下男士要请女士先走，先用餐或先上车；而女士从男士面前经过，皆屈身弯膝而过，以示回敬；在社交场合，男士遇女士一般不主动握手，若对方先伸手，可以轻握。

★ 饮食方面，印尼人的饮食习惯以大米为主食，副食主要有鱼、虾、牛肉等，伊斯兰教徒忌食猪肉。印尼人习惯吃西餐，近年来受华人影响，开始普遍喜爱中餐，除在正式的官方场合会使用刀叉外，一般印尼人习惯用右手抓饭进食。印尼人在用餐时，有边吃饭边喝凉开水的习惯，葡萄酒也是主要饮品之一，在公共场合不喝含酒精的饮料，一般不喝烈性酒。

★ 日常交往方面，印尼人普遍比较友善，很重视名片的递送，名片内容尽量使用英文，通常以握手为礼。

作正式介绍时，要注意印尼的多数中间阶层通常有两个名字，而下层民众则一般只有一个，许多富有者都有很长的姓和名，一般只选用一个短名和首字母缩写名，在称呼别人时，只能使用第一个姓。初次拜访可以带上适当的礼物，收下即意味着承担了某种责任；而接受别人馈赠的礼物时，尽量不要当面打开包装。印尼人喜欢宴请。

★ 特殊禁忌包括印尼人忌讳用左手传递东西或事物，忌讳别人触摸孩子的头部，忌讳老鼠和乌龟，还应注意与印尼人交流时避开政治、宗教等话题。

★ 在印尼的常见不适包括腹泻、肠胃病、伤寒、登革热等热带疾病。

4　重要节日

印尼有众多的节假日和纪念日，其中有纪念政治、历史事件、英雄人物的节日，如独立日节（8月17日）、民族觉醒日（5月20日，纪念1908年印尼民族运动组织"至善社"成立）、英雄节（11月10日）、蒂博尼哥罗日（1月8日）、卡尔蒂妮日（4月21日）等。

此外，还有各种宗教节日，如伊斯兰教新年、圣纪日、登霄节、开斋节、宰牲节，巴厘印度教的静居日，佛教的吠舍佉节，基督教的圣诞节、耶稣受难节及耶稣升天节。

除此之外还有民间传统节日，如春节（Tahun Baru
Imlek）、端午节、甘蔗新娘节等。春节是中国最大的传统节
日，印尼的华人世代相传，一直保持着庆祝这一节日的习惯。

扩展阅读：印尼的主要宗教节日

登霄节（Isra Mikraj）

伊斯兰教历 7 月 17 日是传说中穆罕默德夜游升天
之日，所以印尼人又把这个节日称作穆圣夜游升天节。
印尼穆斯林庆祝登霄节的活动在夜间进行，通常教徒
们到清真寺举行会礼，诵经祈祷。这一天，穆斯林家
庭都会进行家庭聚餐，吃椰浆饭及各种清真佳肴。

开斋节（Idul Fitri）

伊斯兰教历每年 9 月，全国伊斯兰教徒白天都要斋
戒禁食，斋月过后的第一天即 10 月 1 日，教徒们开禁，
白天可以进食，这一天便成为开斋节。对印尼人来说，
这是一年中最重要的节日。节日法定只放假一天，但实
际上一般都要放假三天以上，有的单位甚至放假一周以
上。开斋节前一天的晚上是个不眠之夜，上至总统、政
府要员，下至普通百姓都要去清真寺举行会礼。

宰牲节（古尔邦节 Idul Adha）

伊斯兰教历 12 月 10 日为穆斯林的宰牲节。相传

伊斯兰教先知易卜拉欣这一天在梦中受安拉"启示"，命他将其子宰杀后献祭，以考验他对安拉的忠诚。易卜拉欣遵命欲执行时，安拉又命他以羊代替。穆斯林教徒根据这一传说，每年的这一天便宰羊向真主献祭，并将它定为宰牲节。在印尼，宰牲节是除开斋节之外的伊斯兰教第二大节日。

静居日（Hari Nyepi）

印尼巴厘历 10 月 1 日是巴厘印度教的新年，称为静居日（又称静心节），自 1983 年起，这一天被政府定为全国公众假日。对巴厘人来说，节日前一天，即印尼巴厘历 9 月 31 日是个狂欢的日子。一大早，各家各户都在家庙前举行祭礼（没换牙的儿童不许参加这种祭礼）。节日当天，从早上 6 点至次日早上 6 点，巴厘岛一改前一夜的欢乐气氛。巴厘入夜后，家家都不点灯，整个巴厘岛一片漆黑，没有一丝亮光，所有娱乐场所都停止活动，没有一点儿声响。人们 24 小时实行四忌，即闭门不外出，不干活，不生火（包括不点灯、不抽烟），不做饭，禁情欲，不欢乐也不悲伤。人人只是静静地思过，回首检点自己品德是否端正，以求净化自己的灵魂，获得内心的安宁，进而将它融于自然界的宁静之中，次日 6 时许开始开斋，一切日常活动恢复正常。巴厘静心节每年都能吸引大批外国游客前来观赏。

印尼巴厘岛，男孩们正在举行民族仪式
图片提供：达志影像

吠舍佉节

　　这是个世界各国佛教徒共同庆祝的节日，时间为公历四五月间的月圆日。1954 年在缅甸仰光召开的世界佛教联谊会第三次大会将此节日规定为世界佛教徒的共同节日。印尼佛教徒，不论大乘、上座部或密宗派，都庆祝这一节日，并将佛祖的 3 个圣纪日，即佛诞辰、佛成道日及佛涅日合在一起加以庆祝。吠舍佉节庆祝活动一般持续 3 天，以节日当天最为隆重，主要活动是举行法会。爪哇的婆罗浮屠、门突、巴旺等神庙是众僧举行法会的主要场所，每年都有数以万计的僧人及普通信徒、居士从爪哇和外岛涌到这里，各国到印尼观光旅游的佛教徒也同当地教徒一起参加庆祝。

印度尼西亚
INDONESIA

第二篇
政治环境

印度尼西亚
INDONESIA ···

一　国家体制

1　国体、元首及国家标识

根据印尼 1945 年宪法，印尼国家政治机构包括立法、行政、司法三部分，这三部分有限分立。它们是：1945 年宪法（立法、行政、司法的法律基础）、人民协商会议（人协，立法机构）；总统（行政首长）、国会（立法机构）、地方议会（立法监督机构）、省议会（一级行政区立法机构）、县 / 市议会（二级行政区立法机构）；内阁（即政府，行政机构）；咨询委员会（咨询机构）；审计署（最高财政监督机构）；最高法院、立法法院（司法机构）。

总统是印尼政治机构中的重要角色。他（她）建立和掌管政府，在副总统和各行政部门的协助下，依法行政。总统是国家元首，政府首脑，武装力量的最高统帅。

印尼国旗

印尼国徽

2 宪法概述

印尼共和国 1945 年独立，1949 年 12 月 27 日荷兰正式向印尼移交主权。当年废除所实行的荷兰联邦宪法。印尼 1945 年独立后颁布过三部宪法，现行宪法是 1959 年 7 月 5 日由苏加诺总统命令恢复的 1945 年宪法，1999 年 10 月至 2002 年 8 月先后进行过四次修改。宪法规定，印尼为单一的共和制国家，"信仰神道、人道主义、民族主义、民主主义、社会公正"是建国五项基本原则（简称"潘查希拉"）。实行总统制，总统为国家元首、行政首脑和武装部队最高统帅。2004 年起，总统和副总统不再由人民协商会议选举产生，改由全民直选；每任五年，只能连任一次。总统任命内阁，内阁对总统负责。

二　政治制度

1　政体概述

（1）人民协商会议

印尼 1945 年 8 月 17 日独立以后，共和国的建立者苏加诺开始筹建国家政治体系。1960 年国家最高权力机构——人协正式产生。

人协，全称人民协商会议，属于最高国家立法机构，由人民代表会议（国会）和地方代表理事会共同组成，负责制定、修改和颁布宪法，并对总统进行监督。如总统违宪，有权弹劾罢免总统。每 5 年换届选举。本届人协于 2014 年 10 月成立，共有议员 692 名，包括 560 名国会议员和 132 名地方代表理事会成员。设主席 1 名，副主席 4 名。现任主席为祖尔基夫里·哈桑（Zulkifli Hasan）。

人协代表由国会议员和地方议会议员组成。原 1945 年宪法规定，"人协由国会议员以及各地区、各阶层的代表根据法律规定组成"。后者即"集团代表"，包括经济、宗教、社会、文化、科学以及其他团体机构。通常包括以下派系，即民族党醒党派系（FKKI），星月党派系（FPBB），民主斗争党派系（FPDP），关爱民族民主党派系（FPDKB），信徒主权党派系（FPDU），专业集团党派系（FPGK），民族团结党派系（FPKB），建设团结党派系（FPPP），改革派系（FR），军队 /

警察派系（TNI/POLRI），集团代表派系（FUG）。

（2）人民代表会议

国会，全称人民代表会议，属于国家立法机构，行使除修宪之外的一般立法权，提出预算权、监督权、法律修正权，并拥有法律实行中的质询权、调查权、咨询权。国会无权解除总统职务，总统也不能宣布解散国会；但如总统违反宪法，国会有权建议人协追究总统责任。本届国会于 2014 年 10 月成立，共有议员 560 名，兼任人协议员，任期五年。设议长 1 名，副议长 4 名。现任议长为塞特亚·诺凡多（Setya Novanto）。本届国会共有 10 个派系，即民主斗争党派系，专业集团党派系，大印尼运动党派系，民主党派系，民族觉醒党派系，国家使命党派系，繁荣公正党派系，民族民主党派系，建设团结党派系，民心党派系。

国会下设国会委员会。

（3）地方代表理事会

地方代表理事会是 2004 年 10 月新成立的立法机构，负责有关地方自治、中央与地方政府关系、地方省市划分以及国家资源管理等方面立法工作。成员分别来自全国 33 个省级行政区，每区 4 名代表，共 132 名，兼任人协议员。设主席 1 名，副主席 2 名。现任主席为伊尔曼·古斯曼（Irman Gusman）。

此外，还有省（一级行政区）人民代表会议（省议会）、县 / 市（二级行政区）人民代表会议（县 / 市议会）。

2　政治中心

印尼的首都雅加达是东南亚最大的城市，也是印尼的政治、经济和文化中心。它有着悠久的历史和迷人的风光，每年都有成千上万游客访问雅加达。除国家博物馆（Museum Nasional）、雅加达历史博物馆（Museum Sejarah Jakarta）、印尼缩影公园（Taman Miniatur Indonesia Indah）、安佐尔梦幻公园（Taman Impian Jaya Ancol）、伊斯梅尔·玛佐基公园（Taman Ismail Marzuki）外，还有民族纪念碑（Monas）广场、动物园（Kebun Binatang Ragunan）、伊斯蒂格拉尔清真寺（Mesjid Istiqlal）、千岛群岛（Kepulauan Seribu）等主要旅游景点。

3　主要政党

1975 年颁布的《政党法》只允许三个政党存在，即专业集团党、印尼民主党、建设团结党。1998 年 5 月解除党禁。2014 年大选中，共有 15 个政党参选，10 个政党获得国会议席，民主斗争党成为国会第一大党。主要政党包括以下几个。

（1）民主斗争党（Partai Demokrasi Indonesia–Perjuangan）：由原印尼民主党分裂出来的人士组成，1998 年 10 月正式成立。系民族主义政党，印尼世俗政治力量代表。以"潘查希拉"为政治纲领，弘扬民族精神，反对宗教和种族歧视。2014 年国会选举中获 109 个议席，为国会第一大党。现任总主席为梅加瓦蒂·苏加诺普特丽（Megawati Soekarnoputri）。

（2）专业集团党（Partai Golongan Karya）：1959 年组成松散的专业集团联合秘书处，1964 年 10 月由 61 个群众组织联合成立专业集团，1970 年 12 月扩大为包括 291 个群众组织的专业组织，1967 年至 1999 年 6 月为事实上的执政党，但一直自称为社会政治组织。1999 年 3 月 7 日正式宣布为政党。以"潘查希拉"为政治纲领，主张在民主和民权基础上进行政治体制改革，保障人权，改善民生。2014 年国会选举中获 91 个议席，为国会第二大党。总主席阿布里扎尔·巴克利（Aburizal Bakrie）。

（3）大印尼运动党（Gerindra）：成立于 2008 年 2 月 6 日，以"潘查希拉"为政治纲领，倡导民族主义、人道主义。在 2014 年国会选举中获 73 个议席。总主席普拉博沃·苏比安托（Prabowo Subianto）。

（4）印尼民主党（Partai Demokrat）：成立于 2001 年 9 月 9 日，以"潘查希拉"为政治纲领，以维护和巩固国家统一为目标，倡导民族主义、宗教信仰自由、多元主义和人道主义。2009 年 4 月国会选举中曾获 148 个议席，2014 年国会选举中议席大幅下滑。现任总主席为苏希洛·班邦·尤多约诺（Susilo Bambang Yudhoyono）。

（5）国家使命党（Partai Amanat Nasional）：成立于 1998 年 8 月 23 日，党员多为印尼第二大穆斯林团体穆哈玛迪亚（Muhammadiyah）成员，具有伊斯兰现代派特征。主张三权分立制衡、人民主权、经济平等、种族宗教和睦等。现任总主席为哈达·拉加萨（Ir.Hatta Rajasa）。

（6）建设团结党（Partai Persatuan Pembangunan）：1973 年 1 月由伊斯兰教士联合会、印尼穆斯林党、印尼伊斯兰教士联盟党和白尔蒂伊斯兰教党合并组成。20 世纪 80 年代后伊斯兰教士联合会退出。原政治纲领为"潘查希拉"，现回归伊斯兰教，并将党徽重新改回麦加天房图案。主张司法独立，实施广泛的地方自治和宗教平等，全面提高人口素质。现任总主席为苏尔亚达尔马·阿里（Suryadharma Ali）。

4　主要政治人物

佐科·维多多：总统。1961 年 6 月生于中爪哇省梭罗市。信奉伊斯兰教。家境贫寒，本科就读于日惹卡查马达大学林业系，毕业后赴亚齐特区短暂工作。1988 年返回梭罗经营家具业，成为当地知名商人。2005 年当选梭罗市长，2010 年连任。任内政绩卓著，2008 年获得总统颁发的"功勋之星"奖章，2010 年入选世界 25 位最佳市长。2012 年 9 月当选雅加达省长，2014 年 10 月卸任。2014 年 7 月当选印尼总统，10 月 20 日就职，任期至 2019 年 10 月。

5　政治局势

2014 年 4 月和 7 月，印尼分别举行了议会选举和总统选举，10 月产生了新一届国会、地方理事会和人民协商会议以及新一届政府。大选后，印尼产生新的国会，组成了 10 大派系，形成了朝野两大阵营，即代表反对派势力的"红白联盟"和支持政府的"辉煌联盟"。红白联盟由在总统大选中支持一号候选人普拉博沃的政党组成，占有国会 2/3 的议席，而辉煌联盟则由支持二号总统候选人、新任总统佐科的政党组成，只占国会 1/3 的议席。红白联盟推出的所有议长候选人占据了国会全部领导职位。与此同时，在印尼人民协商会议的领导层选举中，红白联盟也以 17 票的优势获得所有政党派系的领导层职位。根据印尼宪法，总统拟任命的国民军总司令、全国警察总长、部长、驻外大使等需要国会批准，所有法律也需要国会和政府共同制定，并在国会通过才能有效。因此佐科政府的施政可能会随时面临来自国会的阻力。

特别提示

★ 印尼近年来稳步推进民主体制改革，国民经济保持增长势头，社会秩序总体稳定，地区分离主义情绪得到缓解，民族宗教冲突逐步减少。

★ 印尼一度是恐怖主义的重灾区。近年来，印尼政府和美国、澳大利亚等国家加强反恐合作，加大反恐力度，击毙和逮捕了数名恐怖分子头目，并密集排布监控和安检。目前印尼本土恐怖主义活动受到了很大程度的压制。尽管"伊斯兰祈祷团"等印尼本土恐怖组织受到重创，但仍残余百人左右分散在印尼各地，近年曾多次宣称支持"新疆穆斯林的反抗运动",扬言要对中国实施报复。

★ 2014 年以来,"伊斯兰国"(IS) 在印尼发展较为迅速,通过网络等途径宣扬暴恐思想,招募恐怖分子,包括"伊斯兰祈祷团"等印尼恐怖组织约千名极端分子宣布向 IS 效忠。数百名印尼极端分子赴叙利亚、伊拉克等国加入 IS 进行"圣战"。印尼政府已将 IS 视为未来影响印尼安全的重要威胁之一。

★ 印尼社会治安总体安全可控,但在雅加达,群殴、抢劫、勒索等暴力案件频发,游行示威和群体性事件时常发生。

★ 议会两大对立阵营"红白联盟"和"辉煌联盟"之间挥之不去的紧张政治氛围恐怕会削弱政府力量,对新一届政府施政形成掣肘。

三　行政结构

1　行政区划

印尼全国共有一级行政区（省级）34 个，包括首都雅加达、日惹、亚齐 3 个地方特区和 31 个省。二级行政区（县 / 市级）共 512 个。

2　主要行政机关

根据 1945 年宪法，印尼行政权力归总统掌握，内阁是政府的表现形式。印尼本届内阁的主要行政机关包括：政治法律安全统筹部、经济统筹部、海洋统筹部、人类发展与文化统筹部，以及国务秘书部、内政部、外交部、国防部、司法人权部、财政部、能源与矿产资源部、工业部、贸易部、农业部、环境与林业部、土地与空间规划部、交通部、海洋渔业部等。

3　法律构成

印尼法律由三部分组成，即本土传统遗留的专门适用于处理地方纠纷的习惯法；由荷兰殖民主义统治时代沿袭下来的一般法律；独立以后印尼政府制定的 1945 年宪法。以上三种法律同时存在。在个别地区，还实行俗称 Shari'a 的伊斯兰教法

（2002年人协通过亚齐特区可以实行伊斯兰教法的决议）。

独立以后，印尼所建立的法律除旧布新，如商业法即秉承了1874年的荷兰商业法典，在此基础上增加了许多门类，如1992年颁布的银行法（1998年、1999年分别修改）；1995年颁布的公司法；1999年颁布的反贪污法、反垄断法；2001年颁布的天然气法等。1945年宪法为法律构成的基础，一切法律以宪法为准绳。法律制定以下列多种形式出现："人协决议""国会决议""总统训令""总统决定""政府条例""政府代法规定""政府规定""地方条例""部长决定"等。法律法规通常以政府公报形式加以公布，文件解说部分会同"国家新闻公告"作为附件列于公报后。

4　主要司法机构

印尼实行三权分立，最高法院独立于立法和行政机构。最高法院院长由最高法院法官选举产生，现任院长哈达·阿里。

司法机构分为民事法院和军事法院两种。前者包括最高法院、高等法院、地方法院、宗教法院、国家行政法院、税务法院、商业法院（商院）等。这些法院均在最高法院的监督下行使权力。后者包括军事法院、高等军事法院、最高军事法院。全国有20个高等法院，250个地方法院。

最高法院是国家最高司法机构，它与立法、行政机构并举，具有同等地位。最高法院有权做终审裁决，还具有法律规定的其他权力。虽然法院享有独立地位，但法官仍受命于中央政府。最高法院高等法官由司法委员会向国会提名，由总统任命。院长、副院长由高等法官选举产生。司法委员会是另一个司法机构，它有权建议委任审判长，其委员经国会同意由总统任命或解职。2001年第3次修改宪法增设新的司法机构——立法法院（立法院）。立法院的职能是对照基本大法对法律实行验审，有权做初始和最后裁决，裁决具有终审性质。

最高检察院下设司法检察机构，包括最高检察院、高等检察院、地方检察院。最高检察院是行使决定起诉的最高司法检察机关。最高检察长经选举产生，直接对总统负责。根据规定，各类检察院的主要使命是维护国家的哲学基础"潘查希拉"，反对干扰社会、民族及国家稳定的企图。它的主要权力是：行使刑事起诉、执行法官决定和法院裁决；监督有害于社会和国家的信仰潮流；制止对宗教的滥用或玷污；配合总统决定的其他机构处理某些刑事案件；制止和禁止某些人潜入和出逃。为保证国家利益而制止偷逃关税和其他税收也是最高检察院的任务。最高检察长有权决定和监督立法公正；有权要求最高法院撤销刑事、民事、行政案件；有权向总统提出有关大赦和死刑的参考意见。

特别提示

★ 本届内阁中，四个"统筹部"为副总理级。

★ 国家行政机关中涉及经济关系的主要部门，包括经济统筹部、海洋统筹部、财政部、工业部、贸易部、农业部、环境与林业部、交通部、能源与矿产资源部等。

四　外交关系

1　外交原则

印尼奉行独立自主、不结盟的外交政策。在国与国的关系上，主张平等、相互尊重，将与东盟国家的关系视为"对外政策的基石"，同时重视发展与中国、印度等亚洲各国的友好合作；在处理大国关系上，主张推行平衡的原则，积极发展同美国、日本、俄罗斯及西欧国家的关系，但反对美国等西方国家把经济与人权、环境等挂钩；在国际与地区事务中，主张改组联合国、扩大安理会，促进南南合作和南北对话，积极参与亚太地区经济合作，关注中东、朝鲜半岛局势等问题。

自主、积极是印尼外交的原则，不结盟、大国平衡是其外交原则的具体体现。印尼当下的佐科政府有四个外交优先方向，即维护印尼主权与领土完整；保护印尼公民和海外机构的权益；积极开展经济外交，提升印尼经济自立水平；在地区与国际事务中扮演积极角色。

2　大国关系

（1）对美国关系

印尼积极发展与美国的全面伙伴关系。2010 年 11 月，印尼与美国建立全面伙伴关系，两国关系开始急剧升温。美国通过"全面伙伴关系行动计划"，在政治与安全、经济与发展、社会与文化、教育和技术等方面与印尼开展全方位合作。奥巴马政府第二任期的"亚太再平衡"战略，即将东南亚作为再平衡的重心之一。而印尼一向被美国视为东盟的领袖，美国试图通过印尼来分担美国在东南亚的再平衡任务。

但印尼与美国之间也存在一些矛盾。比如在双边经济关系方面，双方在美国自由港印尼公司合约方面存在分歧。在国内经济民族主义的压力下，佐科总统不能对美国自由港印尼公司做出过多的让步，特别是在巴布亚新建金铜矿精炼厂方面，佐科政府态度比较强硬，要求自由港印尼公司的开采金铜矿业务必须与巴布亚当地人民的福祉挂钩，不准原矿出口。

（2）对日本关系

印尼积极发展与日本的伙伴关系。2013 年印尼吸收外来投资增长了 22%，其中来自日本的投资增长了 17%，比 2012 年增长了 90%，日本连续 6 年超越新加坡成为印尼第一投资来源国。日本的投资集中在汽车及汽车零配件等领域。此外，双方在小微企业的合作方面也有很大的发展空间。日本对印尼采取防灾减灾、促进日本投资等多项援助措施，用 ODA 贷款帮助印尼在海峡沿岸设立了 4 个具有自动识别船舶功能、33 个应对海难事故和海盗的无线电局，无偿援助印尼建造三艘巡逻船并提供三艘日本新建的高速巡逻船以加强其海警实力。作为回报，印尼与日本发表共同声明："沿岸国与日本关于马六甲海峡航行安全与海洋环境进行长期合作"。

（3）对澳大利亚关系

2005 年，双方建立全面伙伴关系。此后，两国先后在区域反恐、建立自由贸易区以及双边防务协议方面取得进展。

（4）对印度关系

印尼继续发展与印度的战略伙伴关系。印尼与印度具有历史与文化上的联系。在宗教上，印尼的伊斯兰教传入与印度古吉拉特商人的传播紧密相连；在文化上，印尼与印度都是多元文化社会，许多文化来源于印度，然后在印尼得到发扬光大。印度是一个以印度教为主的国家，但伊斯兰风格的泰姬陵却是印度国家的象征，印尼则是以伊斯兰教为主的国家，但佛教风格的婆罗浮屠塔却是印尼的世界文化遗产。

3 主要国际参与

印尼奉行独立自主、不结盟的外交政策。1967 年 8 月印尼参与发起建立东南亚国家联盟，视之为"贯彻对外关系的基石之一"，务实地参与地区合作。印尼主张大国平衡，重视与美、中、日、澳以及欧盟的关系；积极参与国际事务，重视不结盟运动和南南合作。1992 年至 1995 年任不结盟运动主席，1998 年担任"77 国集团"主席国。2005 年 4 月与南非共同主持召开 2005 年亚非峰会和万隆会议 50 周年纪念活动。2006 年 4 月举办亚洲及太平洋经济社会委员会第 62 届会议。同年 5 月举办伊斯兰发展中八国集团（D8）首脑峰会，接任 D8 主席国。2006 年 10 月当选 2007 ~ 2008 年度联合国安理会非常任理事国。2007 年 12 月在巴厘岛举办联合国气候变化大会，通过"巴厘路线图"。2009 年 5 月在万鸦老召开世界海洋大会。2008 年至 2014 年先后举办七届"巴厘民主论坛"。2011 年担任东盟轮值主席国，11 月在巴厘岛举行东亚领导人系列峰会。2013 年 10 月在巴厘岛举行亚太经合组织第二十一次领导人非正式会议。

目前，印尼与一些主要国际组织的关系如下。

（1）与联合国的关系

印尼重视联合国在处理国际事务中的重要作用，承认联合国作为对话和谈判机构在解决国际问题时是必要的；认为增设安理会常任理事国时应全面考虑入选国地理位置和面积、政治因素、人口多少以及对国际社会贡献大小，应增设由发展中国家担任的常任理事国席位，并主张限制直至最后完全取消否决权。印尼当选 1995/1996 年度安理会非常任理事国后，立即与联合国中的不结盟国家成员组成"不结盟核心"，共同协商在安理会的立场。

印尼反对某些大国在联合国及安理会为所欲为，数次在经济制裁问题上投反对票。

2004 年 9 月，时任印尼外长哈桑在第 59 届联大发言中表示，印尼有资格成为联合国安理会常任理事国。

（2）与不结盟运动的关系

作为不结盟运动创始国，印尼十分关注该运动的发展，重视其作用。根据国际形势及不结盟运动本身所发生的变化，印尼建议不结盟运动的重心应转入经济领域，更加重视解决发展中国家的经济问题。在 1992 ~ 1995 年担任主席国期间，印尼曾与西方 7 国首脑会议进行了对话，并成功地召开了粮食、环境、人口、教育、债务、自我发展等一系列不结盟国家间会议，开展了一些合作项目，使不结盟运动重现生机。

（3）与亚太经合组织（APEC）的关系

印尼是 APEC 创始成员，支持 APEC 贸易与投资自由化进程。但印尼始终反对论坛升格为机制化的组织。1994 年 11 月印尼主持了 APEC 第 2 次领导人非正式会议，力推各国通过了在 APEC 中具有里程碑意义的"茂物宣言"，宣言规定 APEC 的发达成员和发展中成员分别在 2010 年和 2020 年实现自由化，同时积极开展有助于发展的经济技术合作，为 APEC 做出重大贡献，扩大了印尼在东亚的影响。

自 1998 年陷入经济危机与开始政治转型后，印尼对 APEC 的投入下降，对 APEC 的期望值趋于务实。认为由于 APEC 成员间经济发展水平不同，贸易与投资自由化进程应照顾发展中成员的利益，要求 APEC 加大对经济技术合作的投入。

（4）与亚欧会议的关系

由于历史及经济的原因，印尼较为重视与西欧国家的关系。双方互有所求，西欧是继美国、日本之后印尼的重要贸易伙伴及资金技术来源，印尼丰富的资源、巨大的市场及潜在的经济力量也为西欧国家所看重。印尼虽对亚欧会议讨论政治问题不持异议，但坚决反对欧盟国家利用亚欧会议干涉亚洲国家内政。

（5）与石油输出国组织（OPEC）的关系

印尼是 OPEC 中唯一的东亚国家，地位特殊。随着印尼自身成为石油进口国，其在 OPEC 的地位大不如前。目前由于增产能力接近瓶颈，印尼反对 OPEC 增加石油产量。尽管如此，印尼天然气蕴藏极丰，已探明储量 35 亿立方米，这种新型"清洁能源"将是印尼继续留在 OPEC 的资本。

（6）与国际货币基金组织（IMF）的关系

1997 年亚洲金融危机后，应印尼苏哈托总统的紧急请求，IMF 牵头世行、亚行、日本、美国、中国等国际社会向印尼提供紧急援助，并在随后数次增加贷款援助。根据 IMF 开具的"药方"，印尼政府紧缩财政与货币政策，努力增加政府收入，先后放开了大米、小麦、糖、大豆等产品的进口，取消对电力、燃油的补贴，停撤大批基建工程和国产车项目，大批银行被关停、注资或国有化，对国企进行私有化。IMF 的援助基本起到预期效果，印尼经济开始恢复、金融市场基本趋稳、银行资本状况显著改善。但同时，由于 IMF"用药过猛"、考虑国情不周，对印尼的政治和经济也带来一些负面影响。印尼政府于 2003 年底与 IMF 的合约到期后已不再续约。

（7）与世界银行的关系

作为印尼官方发展援助资金的主要来源和经济政策的重要指导者，世界银行与印尼政府一直保持着较为密切的合作关系。亚洲金融危机爆发后，世行配合以 IMF 为首的国际社会援救印尼行动，大幅增加对印尼结构改革和政策调整的紧急贷款。世行还是援助印尼协商集团会议的主席，为印尼争取外援起到协调、统筹的作用。在 IMF 结束对印尼贷款项目后，援助印尼的角色将主要由世行牵头的援助印尼集团代替。

（8）与援助印尼协商集团（CGI）的关系

自 1967 年 2 月 CGI 成立以来向印尼提供了大量援助，对于协调国际社会援助印尼的努力，弥补印尼财政空缺、支持印尼经济建设、偿还印尼外债起到了十分重要的作用。除此以外，CGI 还提供面向地方政府和非政府组织的赠款及技术援助。

（9）与亚洲开发银行的关系

亚洲开发银行在印尼推动经济发展、解决金融危机中扮演着重要角色，在接受亚行贷款的国家中印尼的贷款额仅次于巴基斯坦和中国。亚洲金融危机后，根据 IMF 牵头的援助印尼一揽子计划，亚行分担了 35 亿美元。随后，亚行通过其政策性贷款计划方案向印尼提供用于帮助印尼打击贪污腐败、实行地方自治、司法改革及消灭贫困的贷款。此外，日本新"宫泽计划"和日本国际合作银行向包括印尼在内的亚洲国家发放贷款也主要通过亚行的渠道。

（10）对亚投行的关系

2014 年 11 月 25 日时任印尼财政部长班邦代表印尼政府，在雅加达签署筹建亚洲基础设施投资银行备忘录，印尼成为亚投行第 22 个意向创始成员。印尼希望在亚投行中继续发挥东盟领袖的作用，争取亚投行地区办事处落户雅加达。

特别提示

★ 美国将东南亚视为其"亚太再平衡"战略的重中之重。2015 年 2 月，美国在新《国家安全战略》中再次强调推动"亚太再平衡"战略和 TPP。美方刻意突出印尼作为东盟领袖的地位。美日推动成立"亚太海上安全合作组织"，借包括印尼在内的东南亚国家对中国南海政策的不满，联合东南亚国家巡航南海，有意制造事端，挑起南海争端，中印（印尼）两国存在潜在冲突的可能。

★ 日本是印尼最大的投资国，自二战之后推出"黑字还流"经济措施，深耕印尼多年，政治、经济、文化影响力大。日本在基础设施建设等投资领域与中国存在竞争关系。

★ 印尼反对党凭借国会多数席位，制约总统佐科改革措施，可能影响佐科出台与"一带一路"对接政策的效率和效果。

★ 印尼与中国在渔业方面存在争端，印尼曾多次扣留中国在印尼海域作业的渔船，印尼媒体对中国捕鱼行为多持负面态度，一些印尼渔业非政府组织态度较为激进，甚至扬言要"炸沉中国渔船"。

★ 世界银行和亚洲开发银行加大了对印尼基础设施建设投资的力度，强化亚洲开发银行和日本民间资本与银行的合作，大力标榜程序透明、环保，与中国资本以及未来亚投行的运作形成了有力竞争。

印度尼西亚
INDONESIA

第三篇
经济状况

印度尼西亚
INDONESIA ···

一　能源资源

1　主要能源及分布

　　印尼是东南亚石油、天然气的蕴藏和生产大国。据印尼官方统计，印尼石油储量为 97 亿桶。印尼是世界石油输出国组织的重要成员，产量受到一定限制，2013 年日产原油 85.7 万桶。1957 年 12 月，印尼成立了国家石油公司，并于 20 世纪 80 年代兴建了部分炼油厂，从出口原油转向出口成品油，以便获得更多的外汇。印尼在出口高价优质油的同时，从国外进口部分廉价劣质油供国内消费。

　　印尼官方公布天然气储量 4.8 万亿～5.1 万亿立方米，生产的天然气主要用于国内消费，少量利用管道出口到周边国家。

　　煤炭已探明储量 193 亿吨，潜在储量可达 900 亿吨以上。

2　主要资源及分布

（1）矿产

　　印尼有着极其丰富的自然资源，其中矿产资源更为丰富，蕴藏重要的非金属矿如石油、天然气、煤炭、金刚石、沥青、磷酸盐等，金属矿如锡、镍、铝土、铁砂、铜、镍、黄金、白银、锰砂、铬、铀等。矿业在印尼经济中占有重要地位，产值占 GDP 的 10% 左右。

矿产蕴藏横跨印尼群岛：苏门答腊、加里曼丹、爪哇的石油、天然气；伊里安加亚的铜、镍、黄金；苏拉威西的镍、黄金、铜；苏门答腊的锡、煤炭、铜；勿里洞、邦加岛的锡；加里曼丹的煤炭、黄金、铝土、铜；爪哇、西松巴哇的黄金、铜；宾丹岛的铝土。此外还有加里曼丹、苏拉威西、西爪哇、南苏门答腊的铁矿，南加里曼丹的金刚石，西爪哇的硫磺、锰，廖内的花岗石和巴布亚的铀等。可见矿产广为分布，品种多有叠加。印尼是锡、铜、镍、黄金生产大国，产量分别名列世界第 2、3、5、7 位。

（2）植物

由于土质、气候、雨水分布的不同，印尼各地植物的种类和生长情况亦有所不同。如雨水充足的苏门答腊、加里曼丹和巴布亚等地区长有茂密的森林和热带雨林。爪哇东北部则生长着季节林，每逢旱季来临，其热带雨林会转变成季风型森林，其中柚木最为典型。

印尼森林面积约 1.37 亿公顷，主要树种有椰树、榕树、棕榈树、橡胶树、木棉树、金鸡纳树、菩提树。珍贵的木材有柚木、檀木、铁木、龙脑香木等。印尼还盛产咖啡、甘蔗、棉花、茶叶、烟草、丁香、奎宁等经济作物。印尼早在古代就以香料群岛闻名于世，当地纯正的胡椒、桂皮、豆蔻等香料远销世界各地。主要农产品是稻米、玉米、木薯、花生等。在花卉中，尤以兰花最为普遍。

（3）动物

印尼动物种类主要分为亚洲和大洋洲两类，巴厘和龙目海峡是亚洲、大洋洲两洲动物种类分界线，西部的是亚洲种类，东部是大洋洲种类。在印尼，动物种类的分布不能简单地以地区划分，如加里曼丹虎和苏拉威西的鹿猪，在其他岛屿就没有。

印尼哺乳动物约 650 种，最常见的是猿猴类，如：加里曼丹的天狗猴、苏拉威西的黑狐猴、苏门答腊的银叶猴和巴厘的长尾猴等；猩猩常见于苏门答腊和加里曼丹岛。印尼的老虎有 3 种：加里曼丹虎、爪哇虎和苏门答腊虎。印尼爬行动物以鳄鱼、巨蜥和蟒蛇为主，其最珍贵的动物是生活在东努沙登加拉岛的科莫多（Komodo），科莫多是 600 万年前的史前动物，身长 2～3 米，形状类似大蜥蜴。世界上唯有印尼有这种动物，它与中国的大熊猫齐名。印尼珍贵的动物还有帝汶岛的飞蜥和巴布亚的皇冠鸽等。禽类 2000 余种。昆虫类不计其数。

特别提示

★ 为充分利用石油资源，印尼成立了国家石油公司，参与外国石油公司的开采，利用"工作合同"和"产品分成合同"从中提成。前者是政府向外国石油公司出租石油开采权，从中提取 60% 的利润，用以代替外国石油公司所要缴纳的投资税；后者是将部分油田交由外国石油公司开采、经营，印尼从中提取 40% 的纯利润。

★ 矿业在印尼经济中占有重要地位，产值占 GDP 的

10% 左右。

★ 由于森林大火、其他自然灾害和人为因素，印尼生态平衡遭到破坏，以苏门答腊虎为代表的珍贵动植物种类和数量逐渐减少。为此，近年来印尼政府在全国建立了 300 余个动物自然保护区。

二 基础设施

1 重要交通设施

（1）陆路运输

陆路运输比较发达的地区是爪哇、苏门答腊、苏拉威西、巴厘岛等。这些地区的高速公路和二级公路较其他地区先进。偏远地区和移民地区交通运输相对滞后。截至 2013 年底，全国公路总里程 50.27 万公里，其中高速公路约 1928 公里。

（2）铁路运输

印尼铁路最早建于 1864 年的中爪哇，后扩大到苏门答腊、亚齐、廖内等地。印尼铁路的所有权从 1945 ~ 1950 年转变为印尼共和国国家所有，后转归印尼公共公司管理（Perumka），该公司承担大规模运输的任务。截至 2013 年底，印尼全国铁路总里程 6458 公里，其中窄轨铁路 5961 公里。爪哇和苏门答腊的铁路运输比较发达。铁路网遍及全爪哇，铁路线长 4684 公里，占全国铁路总长 73.6%。

（3）水路运输

作为海岛国家，印尼水路运输比较发达。水运系统包括岛际船输、传统船输、远洋船输、先锋船运、特别船运。岛际船输主要是全国岛际海港之间的海洋运输。传统船输是边远岛际之间一种运输服务，它的运输路线取决于所运输的货物及季节变化。远洋船输是为印尼出口业务服务的运输服务。先锋船运是 1974 年开发的一种促进边远地区普遍需要的货物交流的服务，得到中央政府的资助。特别船运是支持某些行业，如工业、矿业、林业的运输服务，这种服务完全由提供服务的业主自行管理，主要提供散货运输服务。这些货物如木材、肥料、沥青、水泥、石油、铁、铝土矿产品、工业产品、农产品等。

印尼全国水运航道 21579 公里，共有各类港口 670 个，主要港口 25 个，较大的港口有芝拉扎（爪哇）、井里汶（爪哇）、雅加达、古邦（努山登加拉）、锡江、巨港（苏门答腊）、三宝垄（爪哇）、泗水（爪哇）。雅加达的丹绒不禄港是全国最大的国际港。全国有 125 个工业专用港，供装载各种工业货物，如水泥、煤炭、石油等。自开展内陆水运和渡轮运输建设以来，内地、边境，特别是东部地区交通新建和扩建了一系列水运码头设施，包括轮渡码头，江河码头、湖泊码头、码头仓库、客运枢纽站等，同时开展了一系列航运安全建设，包括疏通主航道，兴建海上灯塔、光亮信号，安装无线电通信设备等。

（4）航空运输

随着经济发展和旅游业兴旺，印尼航空运输比较繁忙。各省、城市及偏远地区均实现通航。雅加达苏加诺－哈达国际机场为印尼最大机场。主要航空公司有鹰记、狮航、室利佛逝、亚航等。

除此之外，先锋航班主要为边远地区提供航运服务，由努山达拉鸽航、德拉加航空公司、迪甘达拉航空公司、大沙邦马老奇航空公司提供；朝觐航班是在朝拜季节为朝觐者提供赴圣城麦加朝觐服务的特别航班，是商业航班的补充。

（5）电力设施

印尼目前电力装机容量仅为约 4000 万千瓦，用电普及率不到 75%，仍有超过四分之一的人口没用上电，电力需求年均增长10% ~ 15%。即使首都雅加达偶尔也会因缺电而实施轮流拉闸限电。印尼目前个人与企业的用电比例为 7∶3，企业发展对电力的需求更为迫切。为满足国内日益增长的电力需求，印尼政府决定从 2006 年到 2015 年投资 413.7 亿美元进行电站和电网建设。

2 重要通信设施

（1）通信设施

印尼电信建设增长势头迅猛，跨国运营商和资本介入较多。Telkomsel 为印尼国内最大的电信公司，Indosat 则为最大的外资电信公司。印尼 3G 网络正处于起步阶段并开始运营，印尼 5 家公司将加大在该基建方面的投入。另外，为保证未来 3G网络的顺利建设，印尼固话无线网络将进行频率转移，所有固定无线网络运营商的设备将进行网络调整和扩容以及更新终端用户设备。另外，印尼政府还在推行全国村村通电话工程。

（2）互联网设施

印尼大部分地区都通互联网，但印尼的带宽较小，网速较慢。政府计划在印尼东区兴建全长 1.2 万公里的光纤网，使其拥有 3 个终端，分别与菲律宾、澳大利亚以及新加坡和马来西亚连接。印尼共有 2.6 亿移动终端用户，据预测，2015 年 3G用户数量将增至 45%。

三 国民经济

1 宏观经济

（1）概述

自 2003 年以来，印尼经济增长率连续 10 年保持 5% 以上，几乎翻了两番。2013 ～ 2014 年，按照印尼盾计算，印尼的国内生产总值仍然呈现上升的趋势，但由于货币的贬值，2014 年国内生产总值约为 7825 亿美元，同年人均 GDP 为 3402 美元。

经济合作与发展组织（OECD）发表的《2013 年东南亚、中国与印度经济展望报告》称，在东南亚各国中印尼表现抢眼，2030 年将成为继美国、中国、印度、日本、巴西、俄罗斯之后的世界级经济体。IMF 也预计印尼会成为 G20 国家中发展速度最快的三大经济体之一。

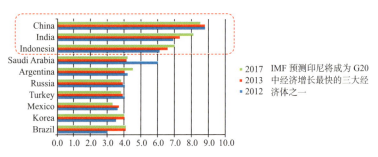

IMF 预测的部分国家的名义 GDP 增速

资料来源：IMF 数据库。

（2）国际收支

根据印尼中央银行的统计，截至 2014 年第四季度，印尼国际投资净值 4198 亿美元。2014 年，外国金融负债增加 732 亿美元，主要来自外国直接投资和证券投资。2014 年外汇储备 1119 亿美元。自然资源型商品（如煤和植物油）的出口下降，以及新兴国家经济增长放缓和《矿产和煤炭矿业法》的实施，使得经常项目赤字增加。随着发达国家经济的进一步复苏，制成品出口有望得到改善。在资本和金融账目方面，由于外国投资者对印尼经济前景的乐观态度，印尼资本和金融账目的盈余有望保持较好水平。

（3）外债

截至 2014 年 10 月底，印尼的外债总额约合 2641 亿美元。印尼央行指出，印尼的外债大部分是长期外债。考虑到国民经济保持稳定发展的因素，外债规模仍属安全范围之内。

按贷款国别统计，新加坡、美国、荷兰为印尼前三大债务国；世界银行、IMF 则分别为印尼最大国际金融债务机构。

（4）财政收支

近年来印尼实施赤字预算，政府财政较为困难。2014 年 6 月，印尼众议院通过了政府修改后的 2014 年国家预算提案，以应对经济增长放缓预测、原油输出减少以及印尼盾汇率疲软等在贸易赤字和经常账户上造成的巨大压力。在 2014 年的修订预算中，财政赤字预计占 GDP 的 2.4%。为实现这一目标，政府计划实施多项重大措施，如通过缩减近 43 万亿印尼盾的支出来保证 3%GDP 的财政赤字上限。此外，政府计划对电价做出逐步调整，减少能源补贴等。

财政预算状况

单位：万亿盾

年份 项目	2011	2012	2013	2014	2015
总收入	1199	1292.9	1529.7	1667.1	1793.6
总支出	1289.6	1418.5	1683	1842.5	2039.5
赤字率（%）	1.80	1.50	1.00	1.05	1.37

资料来源：印尼财政部。

2 贸易状况

（1）贸易发展

2014 年印尼进出口总额 3545 亿美元。中国是印尼非油气商品的最大出口市场，最大进口来源国和最大贸易伙伴。

（2）贸易伙伴

印尼的主要贸易伙伴是中国、日本、新加坡、美国、马来西亚、韩国、印度等。

（3）贸易结构

印尼的主要出口产品有石油、天然气、纺织品和成衣、木材、藤制品、手工艺品、鞋、铜、煤、纸浆和纸制品、电器、棕榈油、橡胶等。

主要进口产品有机械运输设备、化工产品、汽车及零配件、发电设备、钢铁、塑料及塑料制品、棉花等。

（4）辐射市场

印尼是欧盟提供关税优惠的受惠国。根据 2012 年 11 月欧盟委员会公布的新的普惠制（GSP）方案，将印尼列为普惠制第二类国家。自 2014 年 1 月 1 日至 2023 年 12 月 31 日，对印尼等 40 个低收入和中低收入国家的进口产品按最惠国税率基础上减少 3.5% 的税。

伙伴国贸易协定

区域贸易协定

全球贸易协定

印尼参加或正在商谈的区域贸易协定包括《东盟自由贸易区协定》《中国—东盟自由贸易区协定》《共同有效优惠关税》《印尼—日本经济合作协定》《印尼—澳大利亚—新西兰自由贸易区协定》。

1950 年 2 月 24 日，印尼加入《关税及贸易总协定》（GATT），1995 年成为世界贸易组织（WTO）的正式成员。

（5）贸易主管部门

印尼主管贸易的政府部门是贸易部，其职能包括制定外贸政策，参与外贸法规的制定，划分进出口产品管理类别，进口许可证的申请管理，指定进口商和分派配额等事务。

（6）贸易法规体系

印尼与贸易有关的法律主要包括《贸易法》《海关法》《建立世界贸易组织法》《产业法》等。与贸易相关的其他法律还涉及《国库法》《禁止垄断行为法》和《不正当贸易竞争法》等。

（7）贸易管理的相关规定

除少数商品受许可证、配额等限制外，大部分商品均放开经营。

进口管理：印尼政府在实施进口管理时，主要采用配额和许可证两种形式。适用配额管理的主要是酒精饮料及包含酒精的直接原材料，其进口配额只发放给经批准的国内企业。适用许可证管理的产品包括工业用盐、乙烯和丙烯、爆炸物、机动车、废物废品、危险物品，获得上述产品进口许可的企业只能将其用于自己的生产。其中，氟氯化碳、溴化甲烷、危险物品、酒精饮料及包含酒精的直接原材料、工业用盐、乙烯和丙烯、爆炸物及其直接原材料、废物废品、旧衣服等九类进口产品主要适用于自动许可管理；丁香、纺织品、钢铁、合成润滑油、糖类、农用手工工具等六类产品主要适用于非自动许可管理。

出口限制：出口货物必须持有商业企业注册号／商业企业准字或由技术部根据有关法律签发的商业许可，以及企业注册证。出口货物分为四类：受管制的出口货物、受监视的出口货物、严禁出口的货物和免检出口货物。受管制的出口货物包括咖啡、藤、林业产品、钻石和棒状铅；受监视的出口货物包括奶牛与水牛、鳄鱼皮（蓝湿皮）、野生动植物、拿破仑幼鱼、拿破仑鱼、棕榈仁、石油与天然气、纯金／银、钢／铁废料（特指源自巴淡岛的）、不锈钢、铜、黄铜和铝废料；严禁出口的货物包括幼鱼与金龙鱼等，未加工藤以及原料来自天然森林未加工藤的半成品，圆木头，列车铁轨或木轨以及锯木，天然砂、海砂，水泥土、上层土（包括表面土），白铅矿石及其化合物、粉，含有砷、金属或其化合物以及主要含有白铅的残留物，宝石（除钻石），未加工且符合质量标准的橡胶，原皮，受国家保护野生动植物，铁制品废料（源自巴淡岛的除外）和古董。除以上受管制、监视和严禁出口的货物外，其余均属免检的出口货物。

2009 年，印尼政府颁布新规定，进一步加强对有关产品出口限制，相关规定如下：①天然资源产品出口须使用信用证；②限制煤炭出口；③颁布咖啡出口新条例，新规定要求每个咖啡出口商每年至少出口 200 吨咖啡，以增强印尼在世界咖啡市场上的竞争力。

（8）海关管理的相关规定

管理制度：印尼关税制度的基本法律是 1973 年颁布的《海关法》。现行的进口关税税率由印尼财政部于 1988 年制定。自 1988 年起，财政部每年以部长令的方式发布一揽子"放松工业和经济管制"计划，其中包括对进口关税税率的调整。

关税税率：印尼进口产品的关税分为一般关税和优惠关税两种。根据 WTO 对各成员 2006 年进口关税水平的统计，2006 年印尼的简单平均进口关税税率为 9.5%。其中，工业品的简单平均税率为 9.2%，农产品为 11.4%。印尼对超过 99% 的进口产品征收从价税，但对大米和糖类等进口产品征收从量税。

3 投资状况

（1）外国投资状况

外国资本对印尼经济发展有着重要的促进作用。印尼政府

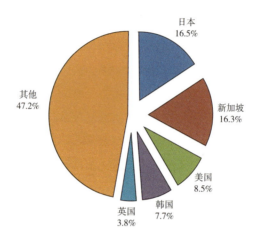

2013 年印尼 FDI 的主要来源地

重视改善投资环境，吸引外资。1997 年金融危机前每年吸引外资约 300 亿美元，金融危机后大幅下降。苏希洛政府重视改善投资环境，大力吸引外资。2010 年、2011 年、2012 年、2013 年实际利用外资额分别为 163 亿美元、173 亿美元、229 亿美元和 223 亿美元。主要投资来源国为日本、新加坡、美国、韩国、英国。

（2）投资环境
印尼的投资环境优势主要表现在以下方面：①政治稳定；②自然资源丰富；③经济增长前景看好，市场潜力大；④地理位置重要，控制着关键的国际海洋交通线；⑤人口众多，有丰富、廉价的劳动力；⑥市场化程度较高，金融市场充分开放。

（3）投资规划

印尼政府公布的《国民经济 15 年中期建设规划（2011 ～ 2025）》中，其主要目标为：大力招商引资，为中期建设规划募集巨额资金；重点发展农业、加工业、矿业、海洋渔业、旅游业、电信业、能源产业和拓展国家战略地区 8 个领域的 18 项主要产业，其中包括钢铁、餐饮、纺织和成衣、交通、造船、镍矿、铜矿、铝矾土、棕榈油、橡胶、可可、渔业、旅游、电信、煤炭、石油天然气等行业产业，以及雅加达和周边城镇的大都市经济圈、巽达海峡大桥及周边经济枢纽建设等。

（4）投资管理

印尼主管投资的政府部门分别是投资协调委员会、财政部、能源矿产部。投资协调委员会负责促进外商投资，管理工业和服务部门的投资活动；财政部负责包括银行和保险在内的金融投资活动；能源矿产部负责批准能源项目，而与矿业有关的投资活动则由其下属专门部门负责审批。

（5）投资法律法规

与投资有关的法律包括《投资法》《所得税法》《公司法》《劳动法》《知识产权法》《破产法》《贸易法》《海关法》等。

根据 2007 年第 25 号《投资法》，国内外投资者可自由投资任何营业部门，除非已为法令所限制与禁止。法令限制与禁止投资的部门包括：生产武器、火药、爆炸工具与战争设备的部门。另外，根据该法规定，基于健康、道德、文化、环境、国家安全和其他国家利益的标准，政府可依据总统令对国内与国外投资者规定禁止行业。相关禁止行业或有条件开放行业的标准及必要条件，均由总统令确定。

（6）投资行业规定

2007年7月4日，印尼颁布第25号《投资法》的衍生规定，即《2007年关于有条件的封闭式和开放式投资行业的标准与条件的第76号总统决定》和《2007年关于有条件的封闭式和开放式行业名单的第77号总统决定》。根据这两个决定，25个行业被宣布为禁止投资行业，仅能由政府从事经营。禁止外商投资的行业主要包括无线电广播与电视广播、公路设备、经营机动车辆定期检验、含酒精饮料工业、糖精工业和黑锡金属工业等。

有43个行业鼓励中小型企业投资，36个行业为有条件开放的投资行业。

2009年，印尼颁布新的《矿产和煤炭法》，外国公司不再被禁止申请和持有矿业许可权，但新法规定，已在印尼获得矿产经营准字（IUP）和矿产经营协议（PUP）的已生产的企业，需建设矿产冶炼加工厂，而按照原有工作合同生产的企业，最迟在新法实施后5年内建立。按照新法规定，企业面临采矿期被缩短、采矿面积也被缩小的局面。在企业缴纳正常的所得税和矿产税之外，新法还增加了一项税率为10%的附加税，中央和地方政府分别得到4%和6%。印尼能矿部颁布的相关实施细则规定，对优先使用本土公司提供的矿业服务、外资公司向当地政府或企业转让股权等问题做出具体规定。

根据2009年通过的《新电力法》，印尼向私营企业开放电力投资领域。政府拟修改《非鼓励投资目录》，放宽医疗、教育、物流、电信等行业的外资准入条件。与此同时，印尼对外资进入某些领域做出了限制，具体包括：①限制外企对基建工程投资；②限制外国投资者拥有农用地股权。

（7）投资方式规定

合资企业：根据 2007 年第 25 号《投资法》及相关规定，在规定范围内，外国投资者可与印尼的个人、公司成立合资企业。

独资企业：依照印尼《投资法》的规定，外国直接投资可以设立独资企业，但须参照《非鼓励投资目录》规定，属于没有被该目录禁止或限制外资持股比例的行业。

股票收购：外国投资者可以通过公开市场操作，购买上市公司的股票，但受到投资法律关于对外资开放行业相关规定的限制。

特别提示

★ 印尼工作签证程序复杂。印尼限制外国员工在印尼就业，在工作签证设置较多障碍，中资企业为国内员工在印尼办理工作签证耗时长、程序复杂。

★ 当地知名大学：Institut Teknologi Bandung, Universitas Gajah Mada, Institut Pertanian Bogor, Universitas Indonesia, Institut Teknologi Sepuluh November, Universitas Brawijaya, Universitas Padjajaran, Universitas Airlangga, Universitas Sebelas Maret, Universitas Diponegoro。

★ 常用的招聘方式：网络招聘（通过 Jobstreet 网站），人才交流中心，员工推荐以及招聘会。

★ 燃油价格增长导致印尼国内通货膨胀压力上升，致使中央银行维持较高的利率。

★ 印尼汇率不稳定，印尼盾面临贬值压力较大。

★ "消极投资清单"中所列产业部分地或全部地对外资关闭，根据 2010 年的统计，包括酒精饮料工业、渔业、无线电通信基站、化工材料、文化旅游业（例如赌场）等。详细信息可参见印尼工商会（The Indonesia Chamber of Commerce and Industry）。

★ 一些主要的国际信用机构近期对印尼发展前景的评级：Fitch Ratings 认为印尼主权信用 BBB- 级 / 稳定；Rating and Investment Information, Inc 认为印尼主权信用 BBB-/ 稳定；Japan Credit Rating Agency, Ltd 认为印尼外汇长期优先债权信用 BBB-/ 稳定；S&P 认为印尼主权信用为 BB+ 级 / 长期积极；Moody's Investors Service 将印尼本外币债券等级调升为 Baa3/ 稳定。

扩展阅读：印尼对投资的优惠政策

对外国投资的优惠政策

印尼考虑将旅游土地使用年限延长为 70 年（目前为 30 年），使旅游业成为吸引外资的火车头。印尼投资部考虑像泰国一样成立投资单一窗口，帮助外商办理各项繁杂事务；投资部还将授权印尼驻外使领馆办理外商投资申请前的协调、咨询事务，以使外商能在入境 10 天内完成所有行政手续。

印尼的《大胆措施方案》中，所有制造业均允许外资拥有 100% 股权（包括经审核的批发零售业）。外商可拥有已登记注册的新银行的 100% 股权。1 亿美元以下的投资案，审核时间将在 10 天内完成。

1999 年 1 月，印尼政府第七号总统令，公布了恢复鼓励投资的"免税期"政策，对纺织、化工、钢铁、机床、汽车零件等 22 个行业的新设企业给予 3 ~ 5 年的所得税免征。如投资项目雇用工人超过 2000 人，或有合作社 20% 以上的股份，或投资额不少于 2 亿美元，则增加 1 年优惠。对于已超过 30% 的规模进行扩大再生产的项目，减免其资本货物以及 2 年生产所需材料的进口关税。对于某些行业或一些被视为国家优先出口项目和有利于边远地区开发的项目，政府将提供一些税收优惠。上述行业及项目将由总统令具体决定。对出口加工企业减免其进口原料的关税和增值税及奢侈品销售税。对位于保税区的工业企业，政府还有其他的鼓励措施。

对特定行业的投资优惠政策

自 2007 年 1 月 1 日起，印尼政府对 6 种战略物资豁免增值税，即原装或拆散属机器和工厂工具的资本物资（不包括零部件），禽畜鱼饲料或制造饲料的原材料，农产品，农业、林业、畜牧业和渔业的苗或种子，通过水管疏导的饮用水，以及电力（供家庭用户 6600 瓦以上者例外）。2009 年，印尼政府进一步明确对工业发展用机器、货物和原料免征进口税。

根据 2007 年印尼《有关所规定的企业或所规定的地区之投资方面所得税优惠的第 1 号政府条例》，印尼政府对以有限公司和合作社形式的新投资或扩充投资提供所得税优惠。

对特定地区的优惠政策

2009 年，印尼通过了经济特区新法律。根据该法，印尼在 2010 年成立 2 ~ 3 个特别经济区。在特别经济区开展业务的公司，可以享受税收（包括增值税、销售税及进口税等）、土地使用等方面的优惠政策，同时政府将简化投资人申请设立公司或申办其他事项的手续。

投资政策的新变化

2010 年 5 月，印尼规定了外国人在特定行业的投资程度。条例使诸如建设服务、电影技术服务、医院和卫生保健、小规模发电厂等领域更加开放；出台了关于矿业部门有义务在国内市场销售其生产的一定份额的规定；2010 年 12 月，颁布条例对本年度非纳税所得与收入税支付的计算做出规定，同时赋予财政部部长对在某些行业和地点的新投资者提供免税奖励的权力。

　　除了与投资直接相关的新措施外，还有与投资相关的其他新措施，例如 2011 年 6 月，印尼央行曾推出新措施，以减缓短期资本流动。

特别提示

★ 适合中国企业投资的当地项目

　　印度尼西亚是东盟最大的经济体，中国已是印尼最大的贸易伙伴，也是中国政府确定的"一带一路"经济带中的重要国家，是承接国内"产能转移"的主要国家之一。近年来，陆续有"走出去"的中国企业在印尼投资电厂、石化、交通、通信、矿业、棕榈油等相关行业，特别是 2014 年 1 月 12 日印尼政府颁布铁、锡、铝矾土、镍、铅、锌、铜、金、银等 14 种原矿出口禁令以后，中国"走出去"的企业加快了在印尼投资相关冶炼厂及配套的中小型电厂、港口、水泥厂等的建设步伐。目前印尼公路、铁路、港口、机场、通信等"互联互通"基础设施建设，以及目前政府推出的 35000 万兆瓦电厂建设更是中国企业投资的重点；印尼禁矿以后氧化铝、镍铁等金属冶炼也是投资的方向；在农业方面，棕榈及橡胶相关产业也是投资的重要标的。

4 货币管理

印尼货币为印尼盾，在印尼的金融机构、兑换点，印尼盾可与美元、欧元等主要货币自由兑换。2013 年以来，受世界经济不景气和美联储调整货币政策等影响，印尼盾快速贬值。

印尼实行相对自由的外汇管理制度，资本可自由转移。印尼货币实行自由浮动汇率政策，而印尼央行采取一揽子货币汇率定价原则，根据印尼主要贸易伙伴的货币汇率的 SDRs 汇率变化来确定印尼盾的对外比价，每日公布其汇率，2014 年全年汇率均价为 1 美元约等于 12189 印尼盾。

5 税收体系

印尼实行的是中央和地方两级课税制度，税收的立法权和征收权在中央。现行的主要税种有：公司所得税、个人所得税、增值税、奢侈品消费税、土地和建筑物税、离境税、印花税、娱乐税、电台和电视税、道路税、机动车税、自行车税、广告税、外国人头税和发展税等，印尼依照属人和属地原则行使税收管辖权。主要税赋和税率情况见下表。

个人所得税	根据 2008 年《所得税法》，个人所得税最高为 30%，分为四档。5000 万盾以下为 5%，5000 万 ~ 2.5 亿盾之间为 15%，2.5 亿 ~ 5 亿盾为 25%，5 亿盾以上为 30%。
企业所得税	2010 年企业所得税为 25%。对中小企业实施 1% 的税率，即按销售额的 1% 征税。
增值税	一般来说，对进口、生产和服务等课征 10% 的增值税。
印花税	对一些合同和文件的签署象征性征收 3000 或 6000 盾的印花税。

特别提示

★ 根据东盟地区一体化的需要，印尼对劳动密集型和资本密集型产业实施税收优惠，特别是旅游业、食品业、纺织业、电子业、交通运输、通信、基础金属与机器工业、石化、农产品加工、林业和海洋产品加工业、创意产业等。此外，对落后地区的投资，环保产业和吸纳就业人口多的产业将实施一定税收优惠。

四 产业发展

1 概述

　　印尼是东盟最大的经济体，农业、工业和服务业在国民经济中占有重要的地位。第一产业占 15％，第二产业占 46％（其中工业占 35％，建筑业占 10％），第三产业占 39％。在工业增加值中，制造业占 GDP 的比重为 25％。工业发展方向是强化外向型制造业。主要部门有采矿、纺织、轻工等。

　　印尼全国耕地面积约 8000 万公顷。2012 年稻谷产量为 6905 万吨，玉米产量为 1938 万吨，大豆产量为 85.16 万吨。印尼盛产经济作物，2009 年棕榈油、橡胶、咖啡、可可产量分别为 2520 万吨、304 万吨、74.8 万吨、90.4 万吨。

　　印尼渔业资源丰富，政府估计潜在捕捞量超过 800 万吨／年，2008 年实际捕捞量为 500 万吨。

　　森林面积 1.37 亿公顷（20 世纪 50 年代为 1.62 亿公顷），森林覆盖率超过 60％。为保护林业资源，印尼宣布自 2002 年起禁止出口原木。2008 年原木产量为 806 万立方米。

　　旅游业是印尼非油气行业中仅次于电子产品出口的第二大创汇行业，政府长期重视开发旅游景点、兴建饭店、培训人员和简化入境手续。2013 年到印尼旅游的外国游客人数达到 1005 万人。

2 重点工业

印尼工业制造业有 30 多个不同种类的工业部门。主要行业有纺织工业、电子工业、木材加工工业、钢铁 / 机械 / 汽车、纸浆、纸张、化工、橡胶加工、皮革、皮革制品、制鞋 / 鞋垫、食品、饮料等。

苏哈托执政时期，推行以工业发展为主导的工业化政策，政府大力发展战略工业和有出口市场、有发展潜力、有比较优势的产品工业。20 世纪 70 年代以来发展较快的制造业有食品、饮料、烟叶、纺织、木材加工、造纸、化工、金属、机械设备等。从 80 年代开始，重点发展制成品加工和面向出口的工业，纺织品、化肥、橡胶轮胎、电气等产品产量迅速增长。80 年代末期，对工业制造业采取了某些私有化的措施，如企业独立评估利润率等。而 1989 年政府规定某些国有企业避免实行私有化，建立专门控制战略工业的部门，接受科技部领导，保持国家在国营工业部门的技术优势。所控制的工业部门有 10 个，如群岛航空工业企业（IPTN）、卡拉卡托钢铁企业等。逐步建立了石油化工、造船、飞机等新兴工业部门，并开辟了出口加工区。

在许多工业部门，外商获得许可证后，可提供技术，直接安排印尼国内生产，无需国内合作者参与，如汽车工业，印尼国内有 20 家国际品牌的汽车装配厂（如菲亚特、丰田等），车的类型和品牌有 80 多种，均可在印尼直接装配生产。政府合资企业的产值占工业总产值的 1/4。政府企业控制着石油和天然气加工及其他重工业，如基础金属、水泥、造纸、化肥、运输设备等。与此同时，工业制造业部门吸收的资本贷款和劳动力的比例较大。

3 工业制造业企业分类

印尼工业制造业企业分为大、中、小、家庭 / 村舍手工业4类，完全以工人使用多少为分类的标准。中小工业经营广泛，从传统的竹编，到金属和皮革加工。小企业和家庭企业是工业制造业的主要组成部分，在食品、饮料、烟叶、纺织、皮革、制鞋、木制品、林产品、造纸、印刷品、肥料、化工、橡胶制品、水泥、非金属矿、基础金属、钢材、运输工具、机械及其工具等行业均有分布。企业数量多，产值大，吸收劳动力众，但产品出口值微小。

4 特色产业

（1）纺织工业

印尼纺织工业初创于荷兰殖民主义统治时期。民间时兴以棉花纺布，着色，制作花裙。日本统治时期，纺织工业濒临崩溃。国家独立以后，首先振兴起来的也是民族纺织业。伴随国家有计划开展经济建设，出口市场逐渐开放，合成纤维被推入纺织工业，纺纱能力、印染能力及服装产量大幅度提高，纺织厂和成衣制造厂增加，国内纺织品供应品种增多。印尼纺织品逐渐占据国际市场相当份额。20 世纪 70 年代以后，欧洲成为印尼纺织品的主要出口市场。80 年代初期美国市场取而代之，其中成衣出口比例在 75% 以上。印尼纺织品在国际市场上的影响逐渐扩大。纺织产品是继服装、木材之后出口换汇的第三大产品。

（2）电子工业

电子产品是赚取外汇收入的非石油产品出口中的主要产品之一。为了减轻走私产品的竞争，政府要求所有电子产品必须附带印尼文的说明书。

（3）木材加工工业

印尼广阔的热带雨林为木材加工提供了丰富的原材料。加里曼丹、苏门答腊、伊里安查亚是森林最丰富的地区，有世界上最大的热带红树林。随着经济发展，20 世纪 80 年代中期，森林每年消耗 70 ~ 100 多万公顷。印尼曾是世界上主要的原木出口国。自颁布原木、藤条禁止出口禁令以来，胶合板生产和藤条家具业发展迅速。

五 金融体系

印尼的金融体系由政府监管部门、金融机构、金融市场等共同组成，但以银行体系特别是商业银行为主。在经营和监管模式上，实行银行、证券、保险分业经营、分业监管，但允许商业银行投资参股证券、保险等公司。亚洲金融危机以来，随着印尼经济逐步复苏并进入增长期，以及政府大力整顿金融体系特别是银行体系，印尼金融体系的安全性得到提升，国家主权及金融机构的信用评级被逐步调升，外汇储备逐步增加，表明投资者看好其经济金融发展前景。

1 印尼银行体系

印尼银行体系开展经营管理活动遵循稳健、民主、经济的原则，银行体系的战略地位表现在三方面：一是保证支付系统顺利运作；二是执行货币政策；三是维持金融体系稳定。为实现上述目标，必须建立一个稳健、透明度高且可靠的银行体系。

印尼中央银行印尼银行（Bank Indonesia），是与内阁各部门平级的独立机构，具有不受其他部门干预、独立行使职能的权力；强调维护金融稳定、加强监督；制定并履行货币政策，维护盾币稳定；管理货币流通和利率，调节和保证支付系统工作顺利进行；通过监管手段健全银行和贷款体系。

印尼金融服务管理局（Financial Services Authority，印

尼语简称 OJK）的建立，旨在确保印尼金融业能够以一种有序的、公平的、透明的、可信赖的方式开展金融活动，以此促进整个行业健康、可持续的发展，并有效保障消费者与社会利益。OJK 的主要职能是促进与管理印尼金融市场的法规与监管体系，其监管范围覆盖印尼几乎所有的金融机构与金融活动，包括银行业、资本市场，以及非银行金融机构。另据印尼央行发表的声明称，今后除去其货币当局的义务及职责外，计划将该国金融市场监管工作，特别是银行领域监管的诸多职能转让给 OJK 执行。

1997 年亚洲金融危机爆发前，全国共有 144 家国内商业银行。金融危机爆发后，银行业遭受重创，一大批银行纷纷倒闭。印尼政府成立银行重组机构，对银行业进行重组与整合。之后，印尼商业银行的赢利能力普遍增强，资产质量明显改善。

印尼主要的国有银行包括印尼国家银行（BANK NEGARA INDONESIA），印尼人民银行（BANK RAKYAT INDONESIA），印尼曼迪利银行（BANK MANDIRI）。

印尼当地的外资银行有汇丰银行、花旗银行、美国运通银行、JP 摩根大通银行、荷兰银行、东京三菱银行、德意志银行、渣打银行、盘古银行以及中国银行与中国工商银行。

扩展阅读：印尼主要中资银行

中国银行

中国银行最早于 1938 年 11 月在巴达维亚（今雅加达）设立经理处，是最早进入印尼的中资企业。

中国银行在当地的分支机构
（分行网址：www.bankofchina.co.id）

1964 年 2 月，因中印尼外交关系恶化，中国银行停止了在印尼境内的全部业务。随着中印尼邦交正常化，经两国政府批准，中国银行雅加达分行于 2003 年 4 月 15 日正式对外恢复营业。目前，取得了全能银行业务牌照，可经营印尼国内及国际的所有银行产品及服务。

复业以来，得益于中印尼双边经贸合作全面发展，中国银行在印尼取得了长足发展，总资产、总负债、净利润等主要业务指标持续快速增长，营业机构、人员规模不断扩大。截至 2015 年 7 月，中国银行资产规模已达约 15.6 亿美元，通过完全内生发展的方式，在印尼的营业机构已经发展到 12 个，包括 9 个银行网点和 3 个签证中心，员工总数已达 240 多人。其中：在雅加达有 7 个营业机构，包括分行本部、5 个支行和雅加达签证服务中心；在泗水有 3 个营业机构，包括 2 个分支行和泗水签证服务中心；在棉兰有 2 个营业机构，包括棉兰分行和棉兰签证服务中心。

中国银行雅加达分行与国投印尼水泥公司举行贷款签约仪式

　　2015 年，在总行和北京市分行的大力协助下，中国银行雅加达分行成功营销"印尼西巴水泥项目"。国投印尼巴布亚水泥公司由中国国家投资开发有限公司和安徽海螺集团联合出资成立，分别持有西巴水泥项目51％和49％的股份。该项目是 2013 年 10 月国家主席习近平访问印度尼西亚期间，中印尼两国 40 多家企业签署逾 200 亿美元的投资合作协议中的重要项目之一，位于印尼西巴布亚省首府马诺夸里县，处于印尼六大经济走廊之一。2014 年 8 月 24 日，印尼时任总统苏西洛亲自参加该项目奠基仪式并题词。该项目分两期建设新型干法水泥生产线及其配套设施，全部建成后年产水泥可达 300 万吨，将有效缓解印尼大规模基本建设水泥供应的紧张局面。项目的成功实施，对拉动印尼西部最欠发达地区经济、增加就业、提高当地人民生活水平等起到重要作用，具有良好的经济效益和社会效益。

中国工商银行

中国工商银行（印度尼西亚）有限公司（简称"工银印尼"），成立于2007年9月28日，是中国工商银行股份有限公司收购并整合印尼Halim银行后设立。

印尼中产阶级不断壮大，经济增长目标超过5%，均为银行业发展提供巨大动力。印尼银行业净资产平均收益率（衡量赢利能力标准）达到22%至24%，远高于新加坡的12%和马来西亚的12%至15%。为此外国投资者趋之若鹜，日本、新加坡、马来西亚、韩国、中国等外国投资者在印尼控股的银行数量分别为7家、5家、3家、2家和1家。但印尼共有118家商业银行，总资产仅有5620万亿盾（约合4323亿美元），表明印尼银行业"人满为患"、资产较为分散的现状，标准普尔认为这种现状将降低印尼银行业长期效率，导致其金融实力落后于其他国家。因此，印尼银行业急需整合，增加规模经济效应，印尼政府希望外国投资者能够帮助印尼整合小型银行，提高银行业运营效率。

印尼银行业资产发展概况（2010 年 ~ 2015 年 3 月）

资料来源：印尼金融服务局。

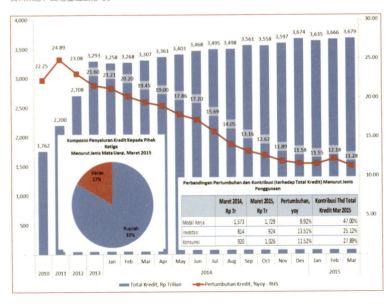

印尼银行业信贷发展概况（2010 年 ~ 2015 年 3 月）

资料来源：印尼金融服务局。

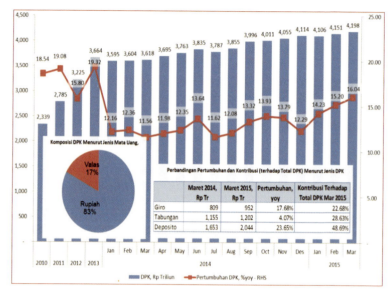

印尼第三方基金发展概况（2010 年 ~ 2015 年 3 月）

资料来源：印尼金融服务局。

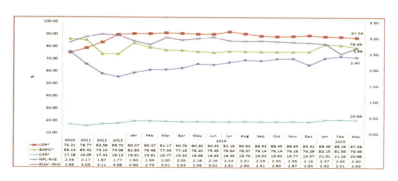

印尼银行业发展的健康指数（2010 年 ~ 2015 年 3 月）

资料来源：印尼金融服务局。

扩展阅读：印尼银行业的发展

　　印尼银行业的发展经历了几个阶段，其中清晰可见若干次发展过程中的阻碍。应该说，每一次受阻都伴随着印尼银行业发展转型的阵痛，从而迎来新一轮的发展。其中最危急的一次要算 1997 ～ 1998 年亚洲金融危机。这次危机为印尼货币当局狠狠地敲响了警钟，印尼经济迫切需要一个坚实可靠的银行业，以促进宏观经济政策的顺利贯彻。

殖民时期以及荷兰银行的国有化（1800~1960 年代）
- 最初由荷兰殖民者建立，为保证殖民资产的汇回，多建立于乡村或农业产业领域。
- 印尼独立后，荷兰银行尽数国有化，国有银行建立。

单一银行时期（1965 年）
- 为更有效率地执行货币政策，苏加诺总统将所有国有银行整合为单一银行体系 Bank Tabungan Negara，甚至包括了中央银行的职能。
- 这一时期，印尼举国共有 3 家国有银行 Bank Negara Indonesia (BNI, Single Bank), Bank Dagang Negara, 和 Bank Pembangunan Indonesia。单一银行 BNI 的五个单元分别承担央行职能和其他对应职能。

发展内阁时期（1968~1998 年）
- 这一时期，原先被整合进单一银行体系的国有银行重新分别完成各自的职能。1988 年银行的私有化助推了一大批新银行的建立。

后危机时代（1999 年）
- 亚洲金融危机中的政府干预与失败管理给印尼国有银行带来了严重的信誉问题。
- 随后政府大力提倡改革并收紧了监管，同时赋予央行很高的独立性；对几家国有银行的合并限制了多数银行的特殊职能。

资料来源：根据印尼金融服务局机关资料整理。

2　印尼外汇市场

印尼有关外汇和印尼盾的交易主要遵循印尼央行 2005 年 7 月颁布的《印尼盾与外汇交易限制法》的规定。该法案规定，除符合本法规的有关豁免规定并提供相关文件，禁止岸内银行给非居民贷款，禁止印尼盾资金划转到岸外银行账户。尽管印尼央行没有明确表明，但实际上是不允许印尼盾在岸外交易。印尼央行申明，这个法规只是禁止印尼盾在海外市场流通，以减少印尼盾汇率波动，而不是为了取消自由浮动汇率制或进行资本项目管制。

3　印尼资本市场

（1）股票市场

印尼政府于 1976 年成立资本市场执行机构，标志着印尼重新恢复资本市场；1977 年 8 月，在资本市场执行机构的监管下，雅加达股票交易所的交易正式启动。

1977 ~ 1989 年，雅加达股票交易所的交易并不活跃，只有 24 家上市公司。直到 1989 年印尼政府放宽法规限制，市场交易才得以活跃起来。其中的放宽政策包括允许外国投资者进入，允许证券交易所私有化。1989 年印尼成立了一个场外交易市场，同时，印尼第一家私人股票交易所——泗水股票交易所成立。1992 年 12 月，印尼政府将雅加达股票交易所私有化。

原先的资本市场执行机构转变职能，改名为资本市场与金融机构监管机构，隶属于印尼财政部。1995 年 7 月，印尼场外交易市场和泗水股票交易所正式合并。

1995 年 12 月印尼政府颁布了资本市场法，对资本市场实行新的法律约束，明确资本市场的发展目标是建立一个公平、有序、高效和透明的市场。2007 年，雅加达股票交易所与泗水股票交易所合并，合并后的交易所正式更名为印尼股票交易所，简称 IDX，目前共有 399 家上市公司。2009 年，IDX 上涨超过一倍，成为全球表现最佳的股市之一。

（2）债券市场

印尼债券市场主要交易的债券包括：印尼央行债券、印尼政府债券、调整资本结构债券、国家机构债券、可转让大额存单、商业票据、中期债券、企业债券。其中印尼央行证券是由央行发行的以印尼盾标价的短期债券，是印尼央行用于公开市场操作的主要工具之一。印尼财政债券期限在 12 个月以内，而主权债券期限在 12 个月以上。

债券市场的参与者主要是当地投资者。央行有价证券（SBIs）的投资者主要是银行和共同基金，企业债券的投资者主要是养老基金、保险公司和共同基金。印尼债券市场对外国投资者的进入没有限制。

印尼对外国投资者投资债券的利息收入和买卖债券的收益征收 20% 的预扣税，但如果有双边税收协定，预扣税税率可降至 10%。

在印尼债券市场上交易的债券必须经印尼当地的评级机构

进行评级，而且还必须在 BAPEPAM 注册登记。

目前，印尼还没有有组织的债券回购市场，印尼央行和政府证券交易商协会正致力于建立债券回购市场框架。

（3）保险市场

印尼保险市场由财政部下属的保险委员会负责监管。总体而言，印尼保险市场规模不算大，市场渗透率有待提高。但印尼拥有 2.4 亿人口，保险市场发展潜力十分巨大。随着印尼经济持续发展和人均收入水平提高，保险市场规模也将持续扩张，渗透率有望进一步提高，这将给市场的竞争主体带来发展机遇。

中国太平保险已进入印尼市场开展经营。根据 1992 年政府规定，外国、印尼合资的保险公司，外国股份不能超过公司资本的 80%，本国股份可以超过 80%。

（4）财务公司

营业范围主要是客户融资、租赁。提供资金和资本（包括生产和投机资本等）。

（5）其他

退休基金会、会计审计事务所、评估事务所。

特别提示

★ 印尼金融服务管理局（OJK）的地位职能相当于我国的银监会、证监会、保监会三会合一，银行领域监管的诸多职能今后将由 OJK 执行。

★ 消费信贷增长过猛，还贷前景不乐观。印尼银行信贷的增长主要依赖消费信贷，相反对企业信贷的比率有所下降。由于失业信贷和投资信贷增长缓慢，印尼许多企业尤其是中小企业因为资金周转不灵而减产或关闭。

★ 商业银行主要把资金投资于国家公债和央行有价证券（SBIs），以弥补存款利息支出，导致企业急需的资金在银行业内部循环。

★ 银行实力仍然普遍较弱，多数银行由于基础薄弱、规模小，根本难以参与市场竞争。另外商业银行经营成本高、经营效率低下是印尼银行业普遍存在的突出问题。从印尼各大银行公布的财报来看，印尼银行的营业支出与营业收入比率（BOPO）普遍超过85%，而该比率在马来西亚和新加坡分别为70%左右和60%左右。

★ 商业银行金融状况得到有效改善（如：资本充足率和不良贷款率）。大多数银行通过实施严格的贷款工作和改组计划积累了充足的资本并成功地减少了受损贷款。

★ 印尼银行业急需整合，增加规模经济效应，印尼政府希望外国投资者能够帮助印尼整合小型银行，提高银行业运营效率。

印度尼西亚
INDONESIA

第四篇
双边关系

印度尼西亚
INDONESIA ···

一　双边政治关系

印尼是最早承认新中国的周边国家之一，1950 年 4 月 13 日两国建交。1955 年 4 月，在印尼万隆举办亚非会议，周恩来总理突破重重阻力，亲自率团参加，并提出"和平共处、求同存异"的倡议，得到了亚非国家的热烈响应。从此，中国打开了多边外交舞台的重要通道，中印尼关系由此进入黄金时代。随后，在六十年代中期两国曾因故一度中断外交关系。20 世纪 80 年代，两国关系开始松动。1989 年钱其琛外长在日本以"葬礼外交"为舞台，分别与印尼总统苏哈托和国务部部长穆迪约诺就复交问题举行会晤。同年 12 月，两国就关系正常化的技术性问题进行会谈，并签署会谈纪要。1990 年 7 月印尼外长阿拉塔斯应邀访华，两国发表《关于恢复两国外交关系的公报》。1990 年 8 月 8 日，李鹏总理访问印尼期间，两国外长分别代表本国政府签署《关于恢复外交关系的谅解备忘录》，宣布自当日起正式恢复两国外交关系。1999 年底，两国就建立和发展长期稳定的睦邻互信全面合作关系达成共识。2000 年 5 月两国元首发表《关于未来双边合作方向的联合声明》，成立由双方外长牵头的政府间双边合作联委会。2005 年 4 月，以万隆会议 50 周年为契机，双方建立了战略伙伴关系。2013 年，习近平主席出席 APEC 会议并访问印尼，双方关系提升为全面战略伙伴关系。2014 年，双方发表了全面战略伙伴关系的发展规划。2015 年，以博鳌亚洲论坛和万隆会议 60 周年为契机，两国元首进行了互访，就中方提出的"21 世纪海上丝绸之路"倡议与印尼方的"全球海洋支点"发展规划达成诸多共识。

二 双边经济关系

1 双边贸易

自 1990 年中印尼恢复外交关系以来，双边贸易一直处于上升的势头。2013 年的双边贸易为 683.55 亿美元，同比增长 3.3%。随着印尼新的矿产法生效，双边贸易呈现小幅下降的趋势，2014 年双边贸易额 635.8 亿美元，同比下降 7%，其中出口 390.6 亿美元，同比增长 5.8%，进口 245.2 亿美元，同比下降 22%。

根据双方有关部门达成的协议，中印尼双方在促进贸易方面有一些新举措，比如中方强化对印尼出口商的销售能力培训，丰富印尼出口中国的产品等。双方领导人商定，双边贸易争取在 2020 年突破 1500 亿美元。

2 双边经济合作

中印尼双边的经济合作呈现良好的发展势头。复交后双方签订了《投资保护协定》《海运协定》《避免双重征税协定》，并就农业、林业、渔业、矿业、交通、财政、金融等领域的合作签署了谅解备忘录。1990 年两国成立了经济贸易技术合作联委会。2001 年底，双方将农业、能源和资源开发以及基础设施建设确定为经贸合作重点领域。2002 年 3 月成立两国能源论坛。

2010 年 4 月，双方在印尼日惹召开第 10 次经贸技术联委会。2008 年 3 月，中国银行泗水分行复行。2009 年，中方支持建设的印尼泗马大桥举行通车仪式。2009 年，两国央行签署总额为 1000 亿元人民币的双边本币互换协议。2011 年 4 月，两国签署关于扩大和深化双边经贸合作的协议。2013 年 10 月，两国签署经贸合作五年发展规划，续签双边本币互换协议。2015 年 1 月，两国签署《中印尼经济合作谅解备忘录》，3 月签署《中印尼基础设施与产能合作谅解备忘录》和《中印尼雅加达—万隆高铁合作谅解备忘录》，4 月签署《关于开展雅加达—万隆高速铁路项目的框架安排》。

扩展阅读：中国银行与印度尼西亚投资协调委员会（BKPM）、印尼驻中国大使馆合作举办投资商务论坛，助力中资企业走进印尼

2015 年 5 月 14 日，由印度尼西亚投资协调委员会（BKPM）、印尼驻华大使馆和中国银行共同举办的"中国—印尼投资商务论坛"，是印尼政府部门主动走出来招商引资，推荐印尼投资商机的务实开创之举。论坛邀请了中国国家开发投资公司、中国民生投资股份有限公司、中兴通讯股份有限公司、华为技术有限公司等来自国内能源、装备制造、油气化工、交通、建筑、贸易物流等行业知名企业 150 多人参加。

印尼是东盟第一大经济体，当前，中国、印尼两

国关系快速升温，中国"一带一路"战略和印尼"海洋强国"战略高度契合。与此同时，中国银行正在构建"一带一路"金融大动脉。作为最早进入印尼的中资银行，中国银行一直致力于促进两国的经贸合作，将搭建金融桥梁，助力中国企业加大在印尼投资、做大做强印尼业务，成为企业跨境经营的向导和顾问。与会的企业就各自关心领域的投资政策、税收优惠、劳工管理、出口制度等，与印尼方进行了讨论交流，增进了对于印尼的全方位了解，便于准确理解印尼新政府鼓励外商投资的新举措，进而更好地把握印尼的投资机会。

中国—印尼投资商务论坛

三　双边关系中的热点问题

中国与印度尼西亚都是亚洲的发展中大国，两国在一些国际重大问题上开展协调、配合，共同维护发展中国家的利益。在战略伙伴关系的框架下，双方的国际合作对促进国际关系的民主化和国际秩序的多极化，具有广泛的利好。

1　共同维护南海和平稳定

中国和印度尼西亚将共同努力，全面有效落实《南海各方行为宣言》，增进互信，推动合作，共同维护南海和平稳定，在协商一致的基础上朝着制定"南海行为准则"努力。在中国—东盟海上合作基金框架下，双方可以开展卓有成效的海上合作，比如海洋救援、海洋气象、海上环保、海上考古、海上反恐等，创造南海和平稳定的氛围。

2　共同推动区域合作

中国继续支持东盟在东亚合作中发挥主导作用，并以"10+3"作为主渠道，在2015年达成区域全面经济伙伴协议。中国支持东盟发展，支持东盟共同体建设。中国和印度尼西亚同为亚太地区大国，促进在亚太的合作与协调，能使双方的利益得到更大的延伸。双方都是 APEC 的重要成员，两国在

APEC 的议程设置、目标达成等方面具有广泛的利益。

3　推动多边合作，促进全球治理

　　中国和印度尼西亚都是联合国的重要成员，独立自主是两国外交的基本原则。双方都强调各国人民自主选择社会制度和发展道路的重要性，主张在国际关系中弘扬平等互信、包容互鉴、合作共赢的精神，共同维护国际公平正义。双方都在国际冲突热点地区派遣过联合国维和部队，主张通过联合国机制，发挥其在促进国际和平、安全和发展上的核心作用。双方都支持对联合国安理会进行改革，以更好地履行《联合国宪章》赋予的维护国际和平与安全的职责。

　　中国与印度尼西亚同是亚洲地区的新兴经济体，在改革国际不合理的经济秩序方面拥有共同的目标，特别是在加强宏观经济协调、完善全球经济治理、改革国际金融体系、促进全球贸易自由化等方面，两国具有共同的利益与责任。

4　共同应对全球公共问题

（1）共同维护粮食安全

　　中国和印度尼西亚分别是世界上人口第一大和第四大国，粮食安全关乎两国的民族命运和国家安全。中国和印度尼西亚通过东亚峰会等多边机制，共同维护粮食安全。

（2）共同应对气候变化

中国和印度尼西亚在《联合国气候变化框架公约》和《京都议定书》框架下，秉承"共同但有区别的责任"原则，通过APEC和联合国对话磋商机制，推动发达国家承担更多的减排责任，共同应对气候变化。

四 印尼主要商会、金融行业协会及华人社团

当地主要商会

1. 印尼工商会（The Indonesia Chamber of Commerce and Industry）

地　　址：Menara Kadin Indonesia 29th FloorJl. H.R.
　　　　　Rasuna Said X-5Kav. 2-3, Jakarta 12950

电　　话：+62-21-5274485，9165535

网　　址：http://www.kadinnet.com

2. 印尼工商会贸易投资服务办公室（Business Support Desk (BSD), Indonesian Chamber of Commerce and Industry）

职　　能：为贸易投资活动提供信息咨询等支持服务，研究和
　　　　　协助解决国内外商业往来过程中出现的各种问题。

联 系 人：Mr. Oliver Oehms（oliver@bsd-kadin.org）；
　　　　　Mr. Ignatius Gusti Surya Pranata（gusti@
　　　　　bsd-kadin.org）

电　　话：+62-21-5274503

网　　址：www.bsd-kadin.org

3. 雅加达工商会（Jakarta Chamber of Commerce & Industry）

地　　址：Majapahit Permai Blok B 21-22-23 Majapahit,
　　　　　No 18-20-22Jakarta 10160 /PO Box 3077 Jkt

电　　话：+62-21-380 8089/380 4563/384 4565/380 8091

金融行业协会

1. 金融服务协会（INDONESIAN FINANCIAL SERVICES ASSOCIATION，印尼语缩写：APPI）

地　　址：Wisma Indo Mobil Lt.10, Jl. MT. Haryono
　　　　　Kav 8 Jakarta 13330

电　　话：8564753-4, 8564752

电子邮件：sekretariat@ifsa.or.id

网　　址：http://www.ifsa.or.id/

会员数量：131

2. 银行业协会（INDONESIAN BANKS ASSOCIATIONS，印尼语缩写：PERBANAS）

地　　址：Griya Perbanas Lt 1, Jl. Perbanas Karet
　　　　　Kuningan Jakarta 12940

电　　话：5223038, 5223339, 5255731, 5205542,
　　　　　5223037

电子邮件：wara_sri_indriani@yahoo.com

网　　址：www.perbanas.org

会员数量：77

3. 保险协会（General Insurance Association of Indonesia，印尼与缩写：AAUI）

地　　址：Jl. Majapahit 34 Blok V/29 Jakarta 10160

电　　话：3521082, 3521084, 3454307, 3511535

电子邮件：aaui@aaui.or.id

网　　址：http：//www.aaui.or.id/

会员数量：44

4.上市公司协会（Indonesia Public Listed Companies Association，印尼语缩写：AEI）

地　　址：Plaza Indonesia Lt 4 # 10, Jl. M.H. Thamrin
　　　　　Kav 28–30 Jakarta 10350

电　　话：31927093，31927985，31934367，3107685

电子邮件：info@asosiasi-emiten.or.id；helmy@
　　　　　asosiasi-emitmen.or.id

网　　址：http：//www.asosiasi-emiten.or.

会员数量：359

华人社团

1.印尼中华总商会（Indonesian Chinese Chamber of Commerce）

职　　能：由印尼华商组织成立的独立民间社团。该会积
　　　　　极开展有利于商业经济的活动（如经济洽谈会、
　　　　　贸易促进交流会、工商经贸教育及培训），加
　　　　　强印尼华商之间的互相了解与合作，发挥各行
　　　　　各业的专长与优势，以求在繁荣印尼市场、推
　　　　　动经济建设的同时，促进华社各界在多元化环
　　　　　境下的共同发展。作为印尼工商会馆的补充，

中华总商会在加强企业与政府沟通方面发挥了
独特作用。

地　　址: 23rd Fl., Tower A Landmark Building
　　　　　 Tower, Jl. Jend. Sudirman Kav. 1, Jakarta
　　　　　 12190, Indonesia

电　　话: (62-21) 5209393

2. 印尼工商会中国委员会（Kadin Indonesia Komite Tiongkok, KIKT）

职　　能: 是印尼半官方的经济组织，自成立以来，对推
　　　　　 动印中经贸关系做出一定的贡献，是协助政府
　　　　　 推动印中经贸发展有影响力的组织。需要一提
　　　　　 的是，"中国委员会"（KIKT）的委员是由印尼
　　　　　 政府工业部部长委任的。

地　　址: Deutsche Bank Building 11th Floor
　　　　　 Jl. Iman Bonjol No. 80, Jakarta 10310
　　　　　 Indonesia

电　　话: 62 21 39831308/39831308

3. 印中商务理事会（Indonesia China Business Council）

职　　能: 成立于 2000 年 6 月，作为印尼与外国企业，
　　　　　 尤其是在印尼投资的中国企业沟通、磋商的机
　　　　　 构之一，积极举办有利于双方交流合作的各种
　　　　　 经济活动。

地　　址: Gedung Pusat Niaga Lt.4, Arena PRJ
　　　　　 Kemayoran, Jakarta 10620 Indonesia

电　　话：62 21 3910947

4. 印尼—中国经济、社会与文化合作协会（Association of Indonesia -China Economic，Social and Culture Cooperation）

地　　址：WISMA DINERS，Level 15，Jl. Jend. Sudirman Kav. 34，Jakarta 10220Indonesia

电　　话：(62-21）5708581

5. 其他华人社团名录（仅有名称可查）

华族社团	
印尼华裔总会	PERHIMPUNAN INDONESIA TIONGHOA
印尼民族建设基金会	NABIL (Yayasan MEL untuk Nation Building)
印尼—中国文化经济交流协会	KADIN INDONESIA KOMITE TIONGKOK (KIKT)
香港印尼研究学社	HONGKONG SOCIETY FOR INDONESIAN STUDIES
印华写作协会	PERHIMPUNAN PENULIS TIONGHOA INDONESIA
印尼国民福利基金会	YAYASAN NUSANTARA SEJAHTERA

此外，还有宗亲会、同乡会、校友会等，因其规模较小，此处不一一列举。

五　印尼当地主要中资企业

境内投资主体	境外投资企业（机构）	归属	经营范围
中国石油集团渤海钻探工程有限公司	渤海钻探印尼服务有限公司	中央企业	石油工程勘探；工程设计；石油钻井、修井工程；测井、固井、录井、测试、定向井、泥浆等相关石油工程一体化服务；石油技术、设备、材料进出口；设备租赁；油田地面建设等
中国华电集团发电运营有限公司	中国华电集团发电运营印度尼西亚有限公司	中央企业	电力设备运行、维护和检修及相关技术服务；电力相关物资贸易
中国石化集团国际石油工程有限公司	中国石化集团国际石油工程印尼公司	中央企业	物探、陆上和海洋井筒服务、地面建设服务，与上述服务相关的设备进出口、技术和劳务服务等
中国建材国际贸易有限公司	中国建材国际印尼公司	中央企业	货物进出口；代理进出口；技术进出口；销售建筑材料、金属材料、汽车配件、五金交电、矿产品、化工产品（不含一类易制毒化学品及危险品）、机械设备、仪器仪表、木材、纸张、土产品、日用百货、针纺织品、装饰设计；家居设计；技术开发；承办展览展示；信息咨询（不含中介服务）
中国建筑股份有限公司	中国建筑股份有限公司驻印尼代表处	中央企业	承接工程项目所需的所有种类施工承包及服务合作、项目所需的国际劳务合作与国际贸易、在建筑领域的对外经营活动及服务等
中国水利电力对外公司	中国水利电力对外公司印度尼西亚代表处	中央企业	全面负责本公司在印度尼西亚及周边市场的开拓以及日后获取承建项目的经营和管理工作，搜集印度尼西亚市场项目信息，进一步深入研究当地国情、政治、经济市场情况，为今后的投资项目做准备

续表

境内投资主体	境外投资企业（机构）	归属	经营范围
中国华电工程（集团）有限公司	中国华电工程印度尼西亚有限公司	中央企业	电力工程总承包、运行维护商、贸易商
中国土木工程集团有限公司	中国土木工程集团有限公司驻印度尼西亚代表处	中央企业	工程承包、经营开发、项目管理
中冶海外工程有限公司	中冶海外工程有限公司印度尼西亚办事处	中央企业	代表母公司从事工程承包、工程咨询及管理，资源开发及服务，房地产开发及服务以及贸易业务，管理并协调当地的项目和人员
中国大唐集团公司	大唐海外印尼项目代表处	中央企业	在中国大唐集团海外投资有限公司的经营范围内，实施在印尼地区煤炭贸易及项目开发的前期工作；对公司在印尼投资项目进行非营利性指导与管理；信息咨询（收集）以及公司团组接待等非经营性工作

详细中资企业名录请参见：

中国商务部"中国对外投资和经济合作"网站⇨"境外企业（机构）"，相关网址：http：//wszw.hzs.mofcom.gov.cn/fecp/fem/corp/fem_cert_stat_view_list.jsp。

特别提示　中国企业在印尼

★ 避免卷入当地政治纠纷

印尼社会正逐步向民主社会迈进，其间政权更迭频繁，各种政治势力角逐不断。作为中资企业，注意不要在公共场合谈论印尼政治形势和政治人物，避免因不慎卷入不必要的政治纠纷。同时也应密切关注政治形势变化，以及政府换届和议会选举等，关注政府颁布的经济政策，把握经济动向，为企业决策和经营提供参考。

★ 妥善处理与工会的关系

中资企业在印尼开展投资合作，要全面了解印尼的《劳工法》等重要法律，严格遵守印尼关于雇佣、解聘、社会保障方面的规定。

此外，中资企业还应了解工会的权利及作用，了解当地企业一些通行做法，包括如何与工会进行谈判等；加强与当地工会沟通联系。

★ 积极促进与当地居民的关系

中资企业要尊重当地风俗习惯；聘用当地人员参与企业管理；积极为附近居民创造就业机会，并在力所能及的范围内为当地经济和社会发展做贡献；在与当地居民交往时，要树立企业和员工的良好形象，与当地居民和睦相处。

★ 关注当地生态环境保护并承担必要的社会责任

中资企业要认真研究印尼的环境保护法规，严格遵照当地环保标准开展生产经营活动，并积极参与当地组织的环保公益活动，为当地社会的公共环境保护多做贡献。

与此同时，中资企业应积极通过各种方式履行社会责任，回馈当地社会，促进当地经济社会的发展。

★ 学会利用媒体资源

媒体在现代生活中是一种独特的公共资源，有着巨大社会影响力。中资企业要学会与媒体打交道，使其为企业发展发挥良好作用。如可组织媒体到企业参观采访，了解企业发展情况，进行正面宣传，与媒体形成良性互动的和谐关系。当发生重大事件或涉及社会敏感问题时，不要拒绝媒体，而要做好预案，通过媒体与大众交流，充分发挥媒体的积极作用。

★ 学会和执法人员打交道

中资企业需要与印尼警察局、工商税务局、海关总司、移民局等执法部门打交道。

中方人员出行要随身携带护照或临时居住证明，营业执照、纳税清单等重要文件资料要妥善保管。

遇到执法人员检查证件时，中方人员要礼貌出示自己的证件，回答警察提问；如没有携带证件则需耐心做好解释说明，留下联系方式，便于对方执法人员查询。遇到执法人员搜查公司或住所，应要求其出示证件和搜查证明，并要求与中资企业律师联系，同时及时报告中国驻印尼大使馆。如有证件或财物被执法人员没收时，应要求执法人员保护中资企业的商业秘密；出具没收证件或财物的清单作为证据，并记下执法人员的警号和车号；交罚款时需向警察索要罚款单据。如遭遇执法人员不公正待遇与处理，中方人员不要与之发生正面冲突，更不能触犯法律，要坚持有理、有利、有节进行交涉，依法保护自己的合法权益。

★ 利用时机传播中国文化

中国文化"走出去"是提升中国"软实力"的重要途径，"走出去"企业既要有责任感也要有信心和能力在当地传播中国传统文化。中资企业在内部管理中，要学会在中国传统文化与当地文化之间展开文明对话与交流；在对外发展中，要利用公共外交平台，积极树立中资企业不与当地争利而与当地和谐相处的企业文化，以中资企业和中国人的文化魅力去发展业务、广交朋友，用行动传播中华文化。

印度尼西亚

INDONESIA

附　录

印度尼西亚
INDONESIA ···

附录一 世界银行·营商环境指数

　　为评估各国企业营商环境，世界银行通过对全球国家和地区的调查研究，对构成各国的企业营商环境的十组指标进行了逐项评级，得出综合排名。营商环境指数排名越高或越靠前，表明在该国从事企业经营活动条件越宽松。相反，指数排名越低或越靠后，则表明在该国从事企业经营活动越困难。

印度尼西亚营商环境排名

印度尼西亚	
所处地区	东亚及太平洋地区
收入类别	中低收入
人均国民收入总值（美元）	3650
营商环境 2016 年 排名：109，与上一年相比，前进 11 名	

雅加达营商环境概况

　　下图同时展示了雅加达各分项指标与"世界领先水平"的距离，"世界领先水平"反映了《2016 年全球营商环境报告》所包含的所有经济体在每个指标方面（自该指标被纳入《营商环境报告》起）表现出的最佳水平。每个经济体与领先水平的距离以从 0 到 100 的数字表示，其中 0 表示最差表现，100 表示领先水平。

指　　标	雅加达	东亚及 太平洋地区	经合组织
开办企业			
2016 年与世界领先水平的距离（百分点）：66.43			
程序（个）	13.0	7.0	4.7
时间（天）	46.5	25.9	8.3
成本（占人均国民收入的百分比）	19.4	23.0	3.2
实缴资本下限（占人均国民收入的百分比）	31.0	9.8	9.6
办理施工许可证			
2016 年与世界领先水平的距离（百分点）：66.68			
程序（个）	17.0	14.7	12.4
时间（天）	201.0	134.6	152.1
成本（占人均收入的百分比）	4.3	1.8	1.7
建筑质量控制指标（0 ~ 15）	13.0	8.6	11.4
获得电力			
2016 年与世界领先水平的距离（百分点）：80.73			
程序（个）	5.0	4.7	4.8
时间（天）	79.0	74.1	77.7
成本（占人均国民收入的百分比）	383.0	818.8	65.1
供电可靠性和电费指数透明度(0 ~ 8)	7.0	3.6	7.2
登记财产			
2016 年与世界领先水平的距离（百分点）：52.41			
程序（个）	5.0	5.3	4.7
时间（天）	25.0	74.2	21.8
成本（占财产价值的百分比）	10.9	4.4	4.2

指　标	雅加达	东亚及太平洋地区	经合组织
土地管理系统的质量指数（0～30）	8.5	13.0	22.7
获得信贷			
2016 年与世界领先水平的距离（百分点）：55.00			
合法权利指数 (0～12)	5.0	6.2	6.0
信用信息指数 (0～8)	6.0	3.9	6.5
私营调查机构覆盖范围（占成年人的百分比）	48.5	14.0	11.9
公共注册处覆盖范围（占成年人的百分比）	0.0	21.9	66.7
保护少数投资者			
2016 年与世界领先水平的距离（百分点）：53.33			
少数投资者保护力度指数（0～10）	5.3	5.0	6.4
纠纷调解指数（0～10）	5.7	5.5	6.3
披露指数	10.0	5.5	6.4
董事责任指数	5.0	4.7	5.4
股东诉讼便利度指数（0～10）	2.0	6.4	7.2
股东治理指数（0～10）	5.0	4.6	6.4
股东权利指数（0～10.5）	7.0	5.3	7.3
所有权和管理控制指数（0～10）	4.0	4.2	5.6
公司透明度指数（0～10）	4.0	4.2	6.4
纳税			
2016 年与世界领先水平的距离（百分点）：60.46			
纳税（次）	54.0	25.3	11.1

指　　标	雅加达	东亚及太平洋地区	经合组织
时间（小时）	234.0	201.4	176.6
应税总额（占利润的百分比）	29.7	33.5	41.2
利润税（占利润的百分比）	17.2	16.7	14.9
劳动税及缴付（占利润的百分比）	9.2	9.0	24.1
其他税（占利润的百分比）	3.3	6.5	1.7
跨境贸易			
2016 年与世界领先水平的距离（百分点）：64.75			
出口耗时：边界合规（小时）	36.0	51.0	15.0
出口所耗费用：边界合规（美元）	250.0	396.0	160.0
出口耗时：单证合规（小时）	72.0	75.0	5.0
出口所耗费用：单证合规（美元）	170.0	167.0	36.0
进口耗时：边界合规（小时）	80.0	59.0	9.0
进口所耗费用：边界合规（美元）	384.0	421.0	123.0
进口耗时：单证合规（小时）	144.0	70.0	4.0
进口所耗费用：单证合规（美元）	160.0	148.0	25.0
执行合同			
2016 年与世界领先水平的距离（百分点）：35.37			
时间（天）	460.0	553.8	538.3
成本（占标的额的百分比）	118.1	48.8	21.1
司法程序质量指数（0 ~ 18）	6.5	7.6	11.0
程序	**指标**		
时间（天）	460.0		

续表

指　标	雅加达	东亚及太平洋地区	经合组织
备案与立案	60.0		
判决与执行	220.0		
合同强制执行	180.0		
成本（占标的额的百分比）	118.1		
律师费（占标的物价值的百分比）	90.0		
诉讼费（占标的物价值的百分比）	3.1		
强制执行合同费用（占标的物价值的百分比）	25.0		
司法程序质量指数（0～18）	6.5		
办理破产			
2016年与世界领先水平的距离（百分点）：46.48			
回收率（每美元美分数）	30.0	32.5	72.3
时间（年）	2.0	2.7	1.7
成本（占资产价值的百分比）	22.0	21.8	9.0
结果（0为零散销售，1为持续经营）	0	0	1
破产框架力度指数（0～16）	9.5	6.8	12.1
启动程序指数（0～3）	3.0	2.2	2.8
管理债务人资产指数（0～6）	5.0	3.1	5.3
重整程序指数（0～3）	0.5	0.8	1.7
债权人参与指数（0～4）	1.0	1.4	2.2

资料来源：世界银行《2016年全球营商环境报告》。

附录二　其他领事馆信息

中国驻泗水总领事馆

（Consulate-General of the People's Republic of China in Surabaya）

地　　址：Jalan Mayjend. Sungkono Kav.B1/ 105. Surabaya, Jawa Timur, Indonesia

办公时间：周一至周五 08:30 ~ 12:00，14:00 ~ 17:00

领事保护电话：+62 811311148

邮　　箱：chinaconsul_sur@mfa.gov.cn

网　　址：http://surabaya.china-consulate.org/chn/default.htm。

中国驻棉兰总领事馆

（Consulate-General of the People's Republic of China in Medan）

地　　址：Jalan Walikota No.9,Medan 20152, Sumatera Utara,Indonesia

办公时间：周一至周五 08:30 ~ 12:00，14:00 ~ 17:00

领事保护电话：+62 82165631070

邮　　箱：chinaconsul_mdn_id@mfa.gov.cn

网　　址：http://medan.china-consulate.org/chn/

中国驻登巴萨（巴厘岛）总领事馆

（Consulate-General of the People's Republic of China in Denpasar）

地　　址：Jalan Tukad Badung 8x, Renon, Denpasar
　　　　　Selatan, Kota Denpasar, Bal：80226

办公时间：周一至周五 08：30 ～ 11：30，14：00 ～ 17：00

领事保护电话：+62 81239169767

邮　　箱：chinaconsul_dps_id@mfa.gov.cn

微信公众号：巴厘岛中国领事服务；Chinaconsul-Bali

跋

　　"丝绸之路经济带"和"21世纪海上丝绸之路"战略构想为沿线国家的经贸往来和文化融合带来千载难逢的机遇。作为中国唯一连续经营百年以上、机构网络遍及海内外40多个国家和地区的大型商业银行，中国银行在国际化经营水平、环球融资能力、跨境人民币业务等方面具有独特优势。随着国家"一带一路"战略梦想一步步走进现实，中国银行正励精图治，努力成为实现这个伟大梦想的金融大动脉。

　　"国之交在于民相亲，民相亲在于心相交。""一带一路"战略布局涉及区域广阔，业务广泛。它不仅是一条经济交通之路，更是一条民心交融之路，其建设发展在很大程度上取决于文化的影响力和穿透力。《文化中行——"一带一路"国别文化手册》的付梓，恰逢我行整合海内外资源、布局全球一体化协同发展的关键时期。《手册》以研究海外机构特点和服务对象需求为出发点，致力于解决文化冲突、促进文化融合，力求为海外机构提供既符合中国银行价值理念，又符合驻在国实际的文化指引。

　　《手册》在前期充分调研的基础上，与社会科学文献出版社共同编辑出版。《手册》紧紧围绕业务需求，深耕专业领域，创新工作思路，填补了我行海外文化建设领域的空白。这是中国银行在大踏步国际化背景下，抓紧建设开放包容、具有强大影响力的企业文化的需要，是发挥文化"软实力"、保持集团可持续发展的需要，更是投身国家重大战略部署、担当社会责任的需要。

社科文献出版社是我国社会科学研究领域的权威出版机构，在人文社会科学著作出版方面享有盛誉。在编纂过程中，特别邀请了外交部、商务部专家重点审读相关章节。针对重点领域的工作需要，设置了"特别提示"和"扩展阅读"，为"一带一路"发展战略提供了较为丰富的实例和参考。

文化的力量是无穷的。希望《文化中行——"一带一路"国别文化手册》行之弥远、传之弥久，以文化的力量推动"一带一路"金融大动脉建设，为实现"担当社会责任，做最好的银行"的战略目标添砖加瓦。

2015 年 12 月

后　记

　　《文化中行——"一带一路"国别文化手册》是中国银行在全力服从国家"一带一路"战略，依托百年发展优势，布局全球、协同发展的大背景下编撰的国别类文化手册。由中国银行企业文化部牵头，在办公室、财务管理部、总务部、集中采购中心的大力支持下，在社会科学文献出版社经管分社团队的共同努力下编辑出版。

　　手册在编辑过程中广泛征求了各海外分支机构的意见，得到了雅加达分行、马来西亚中国银行、马尼拉分行、新加坡分行、曼谷子行、胡志明市分行、万象分行、金边分行、哈萨克中国银行、伊斯坦布尔代表处、巴林代表处、迪拜分行、阿布扎比分行、匈牙利中国银行、卢森堡有限公司波兰分行、俄罗斯中国银行、乌兰巴托代表处、秘鲁代表处、仰光代表处、孟买筹备组、墨西哥筹备组、维也纳分行、摩洛哥筹备组、智利筹备组、毛里求斯筹备组、布拉格分行的大力支持，在此一并表示感谢。

　　编写组在编纂过程中参考了不同渠道的相关资料，主要包括外交部国家（地区）资料库，商务部"对外投资合作国别

（地区）指南2014版"，社会科学文献出版社"列国志"大型
数据库，以及中国银行海外分支机构提供的相关资料。

　　本手册系定期更新，欢迎各界提供最鲜活的资料，使手册
更具权威性和客观性。

图书在版编目(CIP)数据

印度尼西亚 / 中国银行股份有限公司, 社会科学文献出版社编.
—北京：社会科学文献出版社，2016.1
（文化中行："一带一路"国别文化手册）
ISBN 978-7-5097-8429-7

Ⅰ.①印… Ⅱ.①中… ②社… Ⅲ.①印度尼西亚-概况
Ⅳ.①K934.2

中国版本图书馆CIP数据核字（2015）第276736号

文化中行："一带一路"国别文化手册
印度尼西亚

编　　者 / 中国银行股份有限公司
　　　　　社会科学文献出版社

出 版 人 / 谢寿光
项目统筹 / 恽　薇　王婧怡
责任编辑 / 王婧怡

出　　版 / 社会科学文献出版社·经济与管理出版分社（010）59367226
　　　　　地址：北京市北三环中路甲29号院华龙大厦　邮编：100029
　　　　　网址：www.ssap.com.cn
发　　行 / 市场营销中心（010）59367081　59367090
　　　　　读者服务中心（010）59367028
印　　装 / 北京盛通印刷股份有限公司

规　　格 / 开　本：889mm×1194mm 1/32
　　　　　印　张：4.125　字　数：85千字
版　　次 / 2016年1月第1版　2016年1月第1次印刷
书　　号 / ISBN 978-7-5097-8429-7
定　　价 / 48.00元